U0625038

航空货物运输管理与
市场营销新策略

王正旭◎著

地震出版社

图书在版编目（CIP）数据

航空货物运输管理与市场营销新策略 / 王正旭著.
--北京：地震出版社，2022.11
ISBN 978-7-5028-5492-8

Ⅰ.①航…　Ⅱ.①王…　Ⅲ.①航空运输-货物运输-
交通运输管理-研究 ②航空运输-货物运输-市场营销-
研究　Ⅳ.①F560.84

中国版本图书馆CIP数据核字（2022）第195004号

地震版　XM5200/F（6319）

航空货物运输管理与市场营销新策略
王正旭◎著

责任编辑：鄂真妮
责任校对：凌　樱

出版发行　**地震出版社**
　　　　　北京市海淀区民族大学南路9号　　　　　邮编：100081
　　　　　发行部：68423031　　　　　　　　　　传真：68467991
　　　　　总编室：68462709　68423029
　　　　　专业部：68467982
　　　　　http://seismologicalpress.com
　　　　　E-mail：dz_press@163.com
经销：全国各地新华书店
印刷：北京市兴怀印刷厂

版（印）次：2023年3月第一版　2023年3月第一次印刷
开本：710×1000　1/16
字数：206千字
印张：12
书号：ISBN 978-7-5028-5492-8
定价：75.00元
版权所有　翻印必究
（图书出现印装问题，本社负责调换）

前言
prefacr

　　随着全球经济一体化的不断发展，航空货物运输业迎来了更为广阔的发展空间，航空货物运输业务在航空公司、货运代理公司、物流企业中的地位日益突出。为促进我国航空货物运输业务的持续健康稳定发展，民航业迫切需要更多从事一线工作的高素质的航空货运业务操作人员，也迫切需要更多相关的从业人员与时俱进，不断地提高航空货物运输业务知识方面的能力和水平。在我国航空运输企业在运输市场快速发展和国内外航空市场逐步开放的环境中，如何通过开展市场营销活动、获得持续的竞争优势、实现企业目标，是目前航空运输企业极为重要的课题。

　　基于此，本书运用航空货物运输基本理论，结合市场营销的特点，对航空货物运输的市场营销活动进行了深入研究，其主要内容有：第一章阐述航空货物运输及其运输组织，航空货物运输的销售代理业务，航空货物的运送、到达与交付，航空货物的不正常运输；第二章探索航空运输系统及其国际管理、航空公司运输管理体系、民用机场运输管理体系；第三章分析航空货物运输生产计划、航空货物运输的航线网络布局、航空货物运输的航班计划与管理；第四章解析航空货物管理的质量控制、航空货物运输的装载管理与优化、航空运输管理中的组织流程与货源组织；第五章探讨市场与市场营销、分析我国航空货物运输市场和航空运输市场的营销环境；第六章探究航空货物运输市场细分、航空货物运输目标市场选择、航空货物运输市场定位、航空货物运输的市场购买行为；第七章探索航空货物运输空间网络发展及其系统、航空货物运输业的营销因素组合以及航空货物运输营销组合的创新发展策略。

全书秉承较为新颖的理念，内容丰富详尽，结构逻辑清晰，客观实用，从航空货物运输的概念和航空货物运输管理体系引入，系统性地对航空货物运输生产计划与管理、航空货物运输的质量控制与组织管理、航空货物运输的市场营销环境与营销战略、航空货物运输与市场营销的创新发展策略进行解读。另外，本书注重理论与实践的紧密结合，对我国航空货物运输的发展具有一定的参考价值。

本书的撰写得到了许多专家学者的帮助和指导，在此表示诚挚的谢意。由于笔者水平所限，加之时间仓促，书中内容难免有疏漏或不够严谨之处，希望各位读者多提宝贵意见，以待进一步修改，使之更加完善。

编　者

目 录
contents

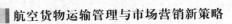

第一章　航空货物运输概述

第一节　航空货物运输及其运输组织

运输业是国民经济运行的动脉系统，是国民经济发展的基础产业。在商品生产和交换的过程中，人们使用的运输方式很多，主要有公路运输、水路运输、铁路运输、管道运输、航空运输等（张辉等，2018）。

运输是人们借助运输工具实现运输对象空间位置变化的有目的的活动，它有着与工农业生产不同的特点。这些特点主要表现如下。

（1）运输业不生产任何新的实物形态的物质产品。运输业的生产过程是运输对象的空间位移，运输不改变运输对象的属性和形态。在运输生产过程中没有形成新的产品实体，也没有产品的积压。运输产品具有非储备性。

（2）运输业在社会化大生产的条件下具有先行性。运输业是处在流通过程中的生产部门，运输生产表现为生产过程在流通领域内的继续，商业买卖活动与运输活动相结合，才完成了商品的流通过程。

（3）运输产品的生产和消费是同一过程。在空间上和时间上它们是结合在一起的，运输业的产品就是位置的移动，在生产出来之后，即已经完成消费。

（4）运输产品的同一性。各种运输方式都生产出同一产品，即运输对象的位移（用人公里、吨公里表示）。这一特点决定了在一定条件下各种运输方式的可替代性，使综合利用各种运输方式、建立统一运输网成为可能。

一、航空货物运输的特点

航空货物运输是指通过航空器，将货物从一地运往另一地的空中交通运输。严格地说，这种运输还包括从货物所在地到机场之间的地面运输。

航空货物运输是运输产业的一个分支，因此也具有上述运输业的主要特点。在运输产业中，人们常使用的运输方式主要以水路运输为主，因运费低廉、运输量大，在所有的运输方式中占据主导地位。但航空货物运输使用了技术含量最高、速度最快的航空器进行运输，能为货主提供快速、经济的服务，因此在运输业中占据了重要的地位。航空货物运输相对于其他几种运输方式，其特点主要表现为：

（1）运输速度快。速度快是航空货物运输的主要特点，这一特点使航空运输的各种货物能够应付变化万千的市场行情。

（2）运输路线短，不受地面条件限制。飞机两点间直飞，不受地面条件的限制。尤其是在地形迂回曲折的地区，航空线路就短得更多。如空运与海运、空运与铁路，其路程比分别为1：1.2～1：1.25、1：1.25～1：1.3。

（3）基本建设周期短、投资少、见效快。除购置飞机外，只需修建机场和必要的导航站，不像地形运输那样在线路建设上需要大量的投资，而且筹备开航所需的准备时间也较短。

（4）灵活性大。飞机一般做直线飞行，在现有机场的基础上，按照不同的连接方法，根据需要组成若干条航线。如空中客车A380机型最远航程可达15100km，作为洲际飞行与跨洋运输完全没有问题。

（5）安全性好。由于飞机发生事故的概率远远低于地面运输，可降低货物的破损率和差错率，同时也可减少货物包装等费用。

（6）机舱容积和载运量比较小。由于飞机本身载重容积的限制，航空货物运输量相对其他运输工具要少得多。如B747-400F全货机最大载货量可达120t，A380F全货机最大载货量则可达150t，但相较海运货船十几万吨的载货量来说，相对载量差值很大。

（7）成本高，运价高。跟其他运输方式相比，这一特点最为不利。由于飞机的机舱容积和载重量有限，而且租赁、购买飞机、航材的花费不菲，加上世界范围的能源危机日益严重，航空燃油价格持续上涨，在一定程度上受到气候条件的限制，因此造成成本和运价较高（于述南等，2019）。

二、航空货物运输的分类

航空货物运输活动虽然只是整个航空运输的一部分，但它的运输过程是较为复杂的。根据实践的需要，按照不同的分类标准，航空货物运输活动可划分为多个种类。

（一）按照货物运输的范围划分

按照货物运输的不同范围，航空货物运输可分为国内航空货物运输和国际航空货物运输。见表1-1。

表1-1　航空货物运输活动按照货物运输的范围划分

类型	定义
国内航空货物运输	运输货物时，其始发地、目的地和经停点都在中华人民共和国境内的运输（从或到港、澳、台地区的运输暂时列为国际运输）
国际航空货物运输	运送货物时，其始发地、目的地和经停点至少有一点不在中华人民共和国境内的运输

（二）按照货物运输的条件划分

按照所运输物品的不同条件，航空货物运输可划分为普通货物运输、特种货物运输和邮件运输等。见表1-2。

表1-2　航空货物运输活动按照货物运输的条件划分

类型	定义
普通货物运输	一般货物的运输，相对没有特殊的运输条件
特种货物运输	特种货物包括贵重货物、活动物、尸体、骨灰、危险物品、外交信贷、作为货物运输的行李和鲜活易腐货物等。由于运输特种货物操作难度大，运输条件相对普通货物较高，因此，运输特种货物除按一般运输规定外，还应严格遵守每一类特种货物的特殊规定
邮件运输	邮局交付给航空运输部门运输的邮政物件，其中包括信函、印刷品、包裹、报纸和杂志等

（三）按照货物运输的方式划分

按照货物运输的不同方式，航空货物运输可分为包机和包舱运输、集中托运、联合运输、航空快递、货主押运等。见表1-3。

表 1-3　航空货物运输活动按照货物运输的方式划分

类型	定义
包机、包舱运输	托运人根据运输的货物，在一定时间内需要单独占用飞机部分或全部货舱、集装箱、集装板，而承运人需要采取专门措施予以保证
集中托运	集中托运商将多个托运人的货物集中起来作为一票货物交付给承运人，用较低的运价运输货物。货物到达目的站，由分拨代理商统一办理海关手续后，再分别将货物交付给不同的收货人
联合运输	又称陆空联运，即使用民航飞机和地面运输工具的联合运输方式，简称为 TAT
航空快递	航空快递企业利用航空运输，收取收件人托运的快件并按照向发件人承诺的时间将其送交指定地点或者收件人，掌握运送过程的全部情况并能将即时信息提供给有关人员查询的门对门速递服务
货主押运	在运输过程中需要专人照料监护的货物，应当由托运人派人随机押运的一种运输方式

三、航空运输组织

（一）国际民用航空组织

国际民用航空组织（ICAO）是协调世界各国政府在民用航空领域内各种经济和法律事务、制定航空技术国际标准的重要组织。1944 年 11 月 1 日至 12 月 7 日，52 个国家在美国芝加哥举行国际民用航空会议，签订了《国际民用航空公约》（通称《芝加哥公约》），并决定成立过渡性的临时国际民用航空组织。1947 年 4 月 4 日《芝加哥公约》生效，国际民用航空组织正式成立，同年 5 月 13 日成为联合国的一个专门机构。秘书处为处理日常工作的机构。总部设在加拿大的蒙特利尔。国际民用航空组织徽标如图 1-1 所示。

图 1-1　国际民用航空组织徽标

1．宗旨

（1）保证全世界国际民用航空安全地、有秩序地发展。

（2）鼓励为和平用途的航空器的设计和操作技术。

（3）鼓励发展国际民用航空应用的航路、机场和航行设施。

（4）满足世界人民对安全、正常、有效和经济的航空运输的需要，防止因不合理的竞争而造成经济上的浪费。

（5）保证缔约国的权利充分受到尊重，每一缔约国均有经营国际空运企业的公平的机会。

（6）避免缔约各国之间的差别待遇。

（7）促进国际航行的飞行安全。

2．主要活动

（1）通过制定《国际民用航空公约》的18个技术业务附件和多种技术文件以及召开各种技术会议，逐步统一国际民用航空的技术业务标准和管理国际航路的工作制度。

（2）通过双边通航协定的登记、运力运价等方针政策的研讨、机场联检手续的简化、统计的汇编等方法以促进国际航空运输的发展。

（3）通过派遣专家、顾问，建立训练中心，举办训练班及其他形式，以执行联合国开发计划署向缔约国提供的技术援助。

（4）管理公海上的联营导航设备。

（5）研究国际航空法，组织拟订和修改涉及国际民用航空活动的各种公约。根据缔约国的建议和议事规则，通过大会、理事会、地区会议以及特别会议讨论和决定涉及国际航空安全和发展的各种重要问题。

（二）国际航空运输协会

国际航空运输协会（IATA）是一个由世界各国航空公司组成的大型国际组织。1944年12月，出席芝加哥国际民用航空会议的一些政府代表和顾问以及空运企业的代表聚会，商定成立一个委员会为新的组织起草章程。1945年4月16日在哈瓦那会议上修改并通过了草案章程后，国际航空运输协会成立。总部设在加拿大蒙特利尔，执行机构设在日内瓦。国际航空运输协会徽标如图1-2所示。

凡国际民用航空组织成员国的任一经营定期航班或包机业务的航空公司，经其政府许可都可以成为该协会成员。经营国际定期航班的航空公司可成为正式会员，只经营国内航班或包机业务的航空公司可成为准会员。

图 1-2　国际航空运输协会徽标

1．宗旨

国际航空运输协会的宗旨是建立共同标准的规则，促进航空运输的安全及效率、确保营运顺畅便利、提高服务质量。

（1）为了世界人民的利益，促进安全、平稳、经济的航空运输方式。

（2）共同研究行业中的问题。

（3）为参与航空运输业的各承运人提供合作的机会。

（4）与国际民用航空组织合作。

2．主要活动

（1）协商制订国际航空客、货运价。

（2）统一国际航空运输规章制度。

（3）通过清算所统一结算各会员间以及会员与非会员间联运业务账目。

（4）开展业务代理。

（5）进行技术合作。

（6）协助各会员公司改善机场布局和程序标准，以提高机场营运效率等。

（三）国际货物运输代理协会联合会

国际货物运输代理协会联合会（FIATA）是一个非营利性的国际货物运输代理行业组织，1926 年 5 月 31 日在奥地利维也纳成立，总部设在瑞士苏黎世，并分别在欧洲、美洲、非洲、中东等区域设立了地区办事处。国际货物运输代理协会联合会的宗旨是：

（1）协调和联合各国的货物运输代理组织和行业协会。

（2）代表和维护货物运输发运人的利益。

（3）协调航空货物运输经营人和航空承运人、政府和其他组织之间的关系。

（4）和国际航空运输协会一起，设计并制订货物运输代理业的培训计划。

（四）中国航空运输协会

中国航空运输协会（CATA）简称中国航协，是依据我国有关法律规定，以民用航空公司为主体，由企事业法人和社团法人自愿参加结成的、行业性的、不以营利为目的，经中华人民共和国民政部核准登记注册的全国性社团法人。该协会成立于2005年9月26日。中国航空运输协会的基本宗旨是：

（1）遵守宪法、法律法规和国家的方针政策。

（2）按照市场经济体制要求，努力为航空运输企业服务，为会员单位服务，为旅客和货主服务。

（3）维护行业和航空运输企业的合法权益，促进中国民航事业健康、快速、持续地发展。

第二节　航空货物运输的销售代理业务

一、航空货运销售代理的内涵

（一）航空货运销售代理与国际航空运输协会航空运输销售代理

1. 航空货运销售代理

国际货运代理协会联合会对货运销售代理的定义为：货运代理是根据客户的指示，并为客户的利益而揽取货物运输的人，其本人并不是承运人。货运代理也可以依据这些条件，从事与运输合同有关的活动，如仓储、报关、转运、理货、验收、收款等（张辉等，2018）。

为了维护民用航空运输市场秩序，保障公众、民用航空运输企业和民用航空运输销售代理人的合法利益，中国民用航空局（以下简称民航局）对航空运输销售代理人的定义为：能从事空运销售代理业的企业。它必须具备以下条件：①有固定的独立营业场所；②有电信设备和其他必要的营业设施；③有民用航空运输规章和与经营销售代理业务相适应的材料；④有至少三名取得航空运输销售人员相应业务合格证书的从业人员。

航空货运销售代理可分为两大类：

（1）一类销售代理：经营国际航线或者中国香港、澳门、台湾地区航线的民用航空运输销售代理。

（2）二类销售代理：经营国内航线除中国香港、澳门、台湾地区航线的民用航空运输销售代理。

2．国际航空运输协会航空运输销售代理

并非所有的航空货运销售代理都可以成为国际航空运输协会的航空运输销售代理。必须向国际航空运输协会申请注册，才能成为其空运代理。申请者应该具备三项条件：①充足的资金；②专业素质好的职员；③有能力发展国际航空货运业务的证明等。经过国际航空运输协会批准后方可成为国际航空运输协会的空运代理，并必须被一个航空运输公司指定为其代理，这样空运代理在经办货运销售代理业务时，就可以从国际航空运输协会成员的航空公司得到 5% 的佣金，以及空白的航空货运单和一定的信用贷款。

（二）航空货运销售代理的业务范围

航空货运销售代理除了提供地面运输、货物订舱、货物存储、货物转运、报关、理货、验收、收款等传统代理业务外，还提供如下业务（集中托运业务和国际多式联运业务等）。

1．集中托运业务

集中托运指集中托运人（Consolidator）将若干批单独发运的货物组成一整批，向航空公司办理托运，采用一份航空总运单集中发运到同一目的站，由集中托运人在目的地指定的分拨代理商（Break Bulk Agent）收货，再由分拨代理商分拨给各实际收货人的运输方式，也是航空货物运输中开展最为普遍的一种运输方式，是航空货运代理的主要业务之一。如图 1-3 所示。

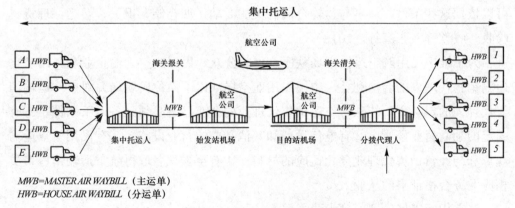

MWB=MASTER AIR WAYBILL（主运单）
HWB=HOUSE AIR WAYBILL（分运单）

图 1-3　集中货物托运流程

与一般性质的货运代理人不同，集中托运人的地位类似多式联运中的多式联

运经营人。集中托运人承担的责任不仅仅是在始发地将货物交给航空公司，在目的地提取货物并转交给不同的收货人，而是承担着货物的全程运输责任，在运输中具有双重角色。他们对各个发货人负货物运输责任，地位相当于承运人，而在与航空公司的关系中，又被视为集中托运的一整批货物的托运人。集中托运人在集中托运业务中最重要的凭证就是运单。见表1-4。

表1-4 集中托运业务中的运单

运单类型	定义	特点
分运单	集中托运人在进行集中托运货物时，与发货人交接货物的凭证	1. 集中托运人可自己颁布分运单，不受到航空公司的限制。 2. 格式按照航空公司主运单制作。 3. 托运人栏和收货人栏都是真正的托运人和收货人
主运单	集中托运人在进行集中托运货物时，与航空公司之间交接货物的凭证，是承运人运输货物的正式文件	1. 承载了货物的最主要信息，保证了货物运送的安全性和准确性。 2. 主运单表明集中托运人是航空公司的销售代理，表示取得授权的代理人在市场上可以销售航空公司的舱位。 3. 托运人栏和收货人栏都是集中托运人

通常在集中托运人缴纳一定数量的保证金后，航空公司会根据集中托运人的实际情况和结算周期，分时间间隔发放给集中托运人一定数量的货运单，集中托运人销售完一定数量的运单后，与航空公司进行结算。在中国只有航空公司才能颁布主运单，任何代理人不得自己印制颁布主运单。

集中托运作为最主要的一种航空货运方式有着鲜明的特征，同时也给托运人带来了极大的便利，主要表现在以下方面：

（1）由于航空运费的费率随托运货物数量增加而降低，所以当集中托运人将若干个小批量货物组成一大批出运时，能够争取到更为低廉的费率。集中托运人会将其中一部分用于支付目的地代理的费用，另一部分则返还给托运人以吸引更多的客户，其余的作为集中托运人的收益。

（2）集中托运人的专业性服务也会使托运人收益，这包括完善的地面服务网络，拓宽了的服务项目，以及更高的服务质量。

（3）由于航空公司的主运单与集中托运人的分运单效力相同，使得集中托运形式下托运人结汇的时间提前，从而资金的周转加快。

2．国际多式联运业务

国际多式联运是指多式联运经营人按照多式联运合同，以至少两种不同的运输方式，将货物从一国境内接管的地点运到另一国境内的指定交货地点的运输方式。

例如，从上海到南非的约翰内斯堡，经过了空运——从上海到德班，再经陆运——从德班到约翰内斯堡。

众所周知，各种运输方式均有自身的优点与不足。一般来说，水路运输具有运量大、成本低的优点；公路运输具有机动灵活，便于实现货物门到门运输的特点；铁路运输的主要优点是不受气候影响，可深入内陆和横贯内陆实现货物长距离的准时运输；航空运输的主要优点是可实现货物的快速运输。由于国际多式联运严格规定必须采用两种和两种以上的运输方式进行联运，因此这种运输组织形式可综合利用各种运输方式的优点，充分体现社会化大生产大交通的特点。

二、航空货物出港运输销售代理业务

航空货物出港运输销售代理业务是指销售代理人将航空公司产品销售给货主，并为货主提供货物运输相关服务的整个流程的各个环节所需办理手续的全过程。

作为航空货物运输销售代理人，其销售的产品是航空公司提供的货物位置的移动，只有飞机舱位配载了货物，航空货物运输才有了实质性的内容，因此市场销售处于整个航空货物运输代理业务程序的核心，这项工作的成效也直接影响到代理公司的利润和未来的发展，是航空货运代理人的一项重要工作。因此，一个发展较好的代理公司一般都有相当数量的销售人员或销售网点从事市场销售工作（高波红等，2020）。

从营销战略的角度来说，代理公司要对公司所在地的区域经济发展有所了解，了解哪些企业生产的产品适合于航空运输，从发展趋势进行潜在的市场分析，了解城市经济的未来发展规划，该区域中会增加哪些高科技企业，这些企业适合于航空运输的产品将在本公司货量中占据多少份额。并针对一些使用其他运输方式的货物进行分析，利用航空运输的优势，挖掘潜在客户。

从销售代理人的角度来说，随着知识经济时代的到来，市场一体化和经济全球一体化导致了市场竞争越来越激烈，适用于市场不断变化的新型的公司管理模式快速涌现。现在企业对于运输的要求越来越严格，作为销售代理人，各方面综合素质的要求也越来越高。因此，销售代理人员不仅要非常熟悉航空运输的业务流程，要知识面宽广，而且能在变化的市场面前迅速把握住时机。

航空货物出港运输销售代理业务程序流程图如 1-4 所示，以下截取关键流程简要说明。

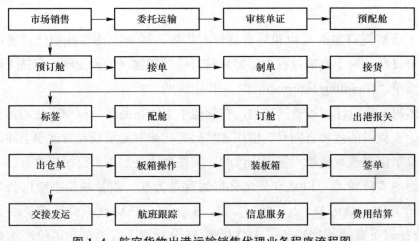

图 1-4　航空货物出港运输销售代理业务程序流程图

（一）市场销售

市场销售是整个出港运输销售代理业务流程的第一个环节。航空货物运输市场是由航空公司提供的产品（位移）、货主的购买力以及货主购买欲望决定的。航空货运市场销售就是介绍航空公司产品所提供的利益，以满足货主特定需求的过程。

在具体操作时，需及时向出港单位介绍本公司的业务范围、服务项目、各项收费标准，特别是向托运人介绍优惠运价，介绍本公司的服务优势等。

航空货运代理公司与托运人就货物运输事宜达成意向后，可以向发货人提供所代理的有关航空公司的"国际货物托运书"。对于长期运输或运输货量大的单位，航空货运代理公司一般都与之签订长期的代理协议。

（二）填制航空货运单

填制航空货运单，包括总运单和分运单。填制航空货运单是空运出港业务中最重要的环节，货运单填写的准确与否直接关系到货物能否及时、准确地运达目的地。航空货运单是发货人收结汇的主要有价证券。因此运单的填写必须详细、准确，严格符合单货一致、单单一致的要求。

填制航空货运单的主要依据是发货人提供的国际货物托运书。货运单一般用英文填写，目的地为中国香港地区的货物运单可以用中文填写，但货物的品名一定用英文填写。托运书上的各项内容都应体现在航空货运单上，如发货人和收货人的全称、详细地址、电话、电传、传真和账号，出港货物的名称、件数、重量、体积、包装方式，承运人和代理人的名称和城市名称，始发地机场和目的地机场等等。

对于已事先订舱的货物和运费到付的货物，运单上还要注明已订妥的航班号、航班日期，对于运输过程中需要特殊对待的货物（如需冷藏、保持干燥），应在货运单"Handling Information"一栏中注明。

按体积、重量计算运费的货物，在货运单上货物品名一栏中需注明体积、尺寸。托运人提供的货物合同号、信用证号码等，如有必要应在货运单上注明。货运单因打字错误或其他原因需要修改时，应在更改处加盖本公司修改章。

货物的实际重量，以航空公司称得的重量为准。重量单位一般以公斤来表示。运价类别一般用 M、N、Q、C、R、S 表示：①M 代表最低重量；②N 代表 45 公斤以下普通货物运价；③Q 代表 45 公斤以上普通货物运价；④C 代表指定商品运价；⑤R 代表附加运价；⑥S 代表附减运价。

所托运货物如果是直接发给国外收货人的单票托运货物，填开航空公司运单即可。如果货物属于以国外代理人为收货人的集中托运货物，必须先为每票货物填开航空货运代理公司的分运单，然后再填开航空公司的总运单，以便国外代理对总运单下的各票货物进行分拨。

接到移交来的交接单、托运书、总运单、分运单、报关单证，进行分运单、总运单直单、拼总运单的运单填制。总运单上的运费填制按所适用的公布运价，并注意是否可以用较高重量点的运价，分运单上的运费和其他费用按托运书和交接单的要求填制。

相对应的几份分运单件数应与总运单的件数相符合。总运单下有几份分运单时，需制作航空货物清单。

最后制作空运出港业务日报表供制作标签用。

（三）接收货物

接收货物是指航空货运代理公司把即将发运的货物从货主手中接过来并运送

到自己的仓库。

接收货物一般与接单同时进行。对于通过空运或铁路从内地运往出境地的出港货物，货运代理按照发货人提供的运单号、航班号及接货地点、接货日期，代其提取货物。如货物已在始发地办理了出港海关手续，发货人应同时提供始发地海关的关封。

接货时应对货物进行过磅和丈量，并根据发票、装箱单或送货单清点货物，核对货物的数量、品名、合同号或唛头等是否与货运单上所列一致，并应检查货物的外包装是否符合运输要求。

1．基本要求

（1）托运人提供的货物包装要求坚固、完好、轻便，应能保证在正常的操作（运输）情况下，货物可完好地运达目的站。同时，也不损坏其他货物和设备。货物包装的要求：①包装不破裂；②内装物不漏失；③填塞要牢，内装物相互不摩擦、碰撞；④没有异味散发；⑤不因气压、气温变化而引起货物变质；⑥不伤害机上人员和操作人员；⑦不污损飞机、设备和机上其他装载物；⑧便于装卸。

（2）为了不使密封舱飞机的空调系统堵塞，不得用带有碎屑、草末的材料作包装，如草袋、草绳、粗麻包等。包装的内衬物，如谷糠、锯末、纸屑等不得外漏。

（3）包装内部不能有突出的棱角，也不能有钉、钩、刺等。包装外部需清洁、干燥，没有异味和油腻。

（4）托运人应在每件货物的包装上详细写明收货人、另请通知人和托运人的姓名和地址。如包装表面不能书写时，可写在纸板、木牌或布条上，再拴挂在货物上，填写时字迹必须清楚、明晰。

（5）包装货物的材料要良好，不得用腐朽、虫蛀、锈蚀的材料。无论木箱或其他容器，为了安全，必要时可用塑料、铁箍加固。

（6）如果包装件有轻微破损，填写货运单应在"Handing Information"上标注出详细情况。

2．包装材料的具体要求

包装材料一般用木箱、结实的纸箱（塑料打包带加固）、皮箱、金属或塑料桶等。见表1-5。

表 1-5　货物包装材料的要求

包装材料类型	要求
纸箱	应能承受同类包装货物码放 3m 或 4 层的总重量
木箱	厚度及结构要适合货物安全运输的需要，盛装贵重物品、精密仪器、易碎物品的木箱，不得有腐蚀、虫蛀、裂缝等缺陷
条筐、竹篓	编制紧密、整齐、牢固，不断条、不劈条，外形尺寸以不超过 50cm×50cm×60cm 为宜，单件毛重以不超过 40kg 为宜，内装货物及衬垫材料不得漏出，应能承受同类货物码放 3 层高的总重量
铁桶	铁皮的厚度应与内装货物重量相对应，单件毛重 25～100kg 的中小型铁桶，应使用 0.6～1.0mm 的铁皮制作；单件毛重在 101～180kg 的大型铁桶，应使用 1.25～1.5mm 的铁皮制作

3. 五种货物的包装规范

货物的包装应规范，见表 1-6。

表 1-6　五种货物的包装规范

货物类型	包装规范
液体货物	容器内部必须留有 5%～10% 的空隙，封盖必须平、密，不得溢漏。 （1）用玻璃容器盛装的液体，每一容器的容量不得超过 1000ml。单件货物毛重以不超过 25kg 为宜。箱内应使用衬垫和吸附材料填实，防止晃动或液体渗出。 （2）用陶瓷、玻璃容器盛装的液体货物，外包装需要加贴"易碎物品"标签
粉状货物	（1）用袋盛装的，最外层应使用塑料涂膜编织袋做外包装，如塑料涂膜编织袋或者玻璃纤维袋等，并保证粉末不致漏出，单件货物毛重不得超过 25kg。 （2）用硬纸桶、木桶、胶合板桶盛装的，要求桶身不破、接缝严密、桶盖密封、桶箍坚固结实。 （3）用玻璃盛装的，每瓶内装物的重量不得超过 1kg，用铁制或木制材料做外包装，箱内用衬垫材料填实，单件货物毛重以不超过 25kg 为宜
精密易损、质脆易碎货物	单件货物毛重以不超过 25kg 为宜，易碎物品外部加贴"易碎物品"标签。 （1）多层次包装：货物—衬垫材料—内包装—衬垫材料—运输包装（外包装）。 （2）悬吊式包装：用几根弹簧或绳索，从箱内各个方向把货物悬置在箱子中间。 （3）防倒置包装：底盘大、有手提把环或屋脊式箱盖的包装，不宜平放的玻璃板、挡风玻璃等必须使用此类包装。 （4）玻璃器皿的包装：应使用足够厚度的泡沫塑料及其他衬垫材料围裹严实，外加坚固的瓦楞纸箱或木箱，箱内物品不得晃动

货物类型	包装规范
裸装货物、不怕碰压的货物	（1）不怕碰压的货物可以不用包装，如轮胎等。 （2）不易清点件数、形状不规则、外形与运输设备相似或容易损坏飞机的货物，应外加包装
大型货物	体积或重量较大的货物底部应有便于叉车操作的枕木或底托

4．民用航空运输飞机装载限制

（1）重量限制。①国际运输中重量以 kg 为单位（我国），实际毛重精确到 0.1kg。国内运输重量以 kg 为单位，重量不足 1kg 的尾数四舍五入；②货物重量不得超过载运机型的地板承受力；③非宽体飞机载运的货物，每件重量一般不超过 150kg；宽体飞机载运的货物，每件重量根据载运机型的地板承受力和货舱尺寸确定。如果超过，则必须考虑并且确认满足机舱地板承受力和有关各个航站的装卸条件时，方可收运。

（2）体积限制。①货物尺寸的量取。量取货物的尺寸时，不管货物是规则的几何体还是不规则的几何体，均应当以最长、最宽、最高边为准，以厘米（cm）为单位。②不同机型所载运的不同货物的最大长、宽、高（包括垫板）尺寸不同，货物体积尺寸不得超过飞机的舱门尺寸。③货物装载的尺寸以厘米（cm）为单位，厘米以下四舍五入。④除新闻稿件外，货物的尺寸两边之和不能小于 40cm，最小一边不能小于 5cm。如果不符合上述规定的小件货物应当加大包装才能交运。

（3）机舱地板承受力限制。①飞机货舱内每平方米（m^2）的地板只能承受一定 0 的重量，如果超过此承受能力，地板和飞机结构就会遭到破坏，因此装载货物时一定不能超过地板承受限额，例如，空客系列飞机：下货舱散舱 732kg/m^2，下货舱集货舱 1050kg/m^2。②地板承受力计算。地板承受力（kg/m^2）＝货物的重量（kg）÷货物底部与机舱的接触面积（m^2）。当货物重量过大时，为了减少物体对机舱的压力，这时可以加一个厚 2～5cm 的垫板，以增加底面接触面积，使单位压力减少。最小垫板面积（m^2）＝［货物重量（kg）＋垫板重量（kg）］÷适用机型的地板承受力（kg/m^2）。因垫板本身有一定的重量，在计算时为了方便忽略不计，则一般会在得出的面积上乘以 120% 以充分考虑安全度，并将面积采用进位法，保留小数点后两位。

（4）价值限制。①国际货物运输中，每票货物（即一份航空货运单）的声明价值不得超过 10 万美元（未声明价值的，按照毛重每千克 20 美元计算价值）。超过该价值限制，则需要填写多份航空货运单。由此产生的航空货运单工本费用由托运人承担。国内货物运输中，每票货物的声明价值不得超过 50 万元人民币。②在使用客货混用机运输时，国际运输每次班机载运货物总价值不能超过 100 万美元。在使用全货机每次班机载运货物总价值不能超过 5000 万美元。国内货物运输中，客货混用机运输每次班机载运货物总价值不能超过 500 万元人民币。

（四）标记和标签

使用运输标记，主要是为了防止发生差错事故，保证货物安全和运输正常。标签加贴一定要明显，并且填写内容时字迹要求清晰、准确。

1．相关定义

（1）运输标记：货物外包装上的标志、标签的总称。

（2）运输标志：货物包装上标明托运人、收货人名称、地址以及储运注意事项的标记。

（3）运输标签：标明货运单号码、货物流向、重量与件数的标记。分为粘贴式标签和拴挂式标签。

2．使用要求

（1）在货物的外包装上，必须由托运人逐件书写或钉附明显的运输标记。

（2）货物标签上各项内容的字迹一定要清晰易辨。

（3）运输标记的粘贴一定不能倒贴或者歪贴，应当根据货物的形状，尽量贴挂在明显易见的部位。

（4）每件货物的外包装上都必须贴挂一个或者多个运输标记，注意不能贴挂在包装外部的捆扎材料上。

（5）超重货物的包装外面，应当注意标注"重心点""由此吊起"的指示标记。

（6）在重新使用旧包装时，包装外部的残旧标记必须清除或者涂掉。

（7）凡是用陶瓷、玻璃做容器的液体、气体货物，或者精密易损、质脆易碎的外包装货物，其外包装必须粘贴"小心轻放""向上"的指示标签。

（8）运输标记应当由承运人或代理人贴挂，并要逐件检查，发现错漏或者位置不当时，应当及时纠正。

（9）包机运输的货物，如果货物全属于一个单位，运往同一个目的站而不转机运输时，可以不用贴挂运输标签。

3．标签图示

标签可以分为识别标签、特种货物标签和操作标签。

（1）识别标签：说明货物的货运单号码、件数、重量、始发站、目的站、中转站的一种运输标志。防止货物运输发生丢失或者运输错误。

（2）特种货物标签：说明特种货物性质的各类识别性标签。

"易碎物品"标签：在收运易碎物品货物时，应在货物各正面上加贴"易碎物品"标贴，以示货物在运输过程中需要小心轻放，避免由于碰撞而使货物受损。

"鲜活易腐"标签：在收运鲜活易腐货物时，应在货物外包装各正面上加贴"鲜活易腐"标贴，以示货物在运输过程中易发生腐烂变质，需要给予特殊的照顾。

"活体动物"标签：在收运动物时，应在货物外包装各正面上加贴"动物"标贴，以便于在运输过程中引起注意，加强照料。

"实验动物"标签：在收运实验用动物时，需要在货物外包装上加贴"实验动物"标贴，以便于在运输过程中引起注意，防止动物受到细菌感染。

"急件货物"标签：在收运急件运输的货物时，需要在货物外包装上加贴"急件货物"标贴，以便于在运输过程中引起注意。

"货物"标签：主要用于作为货物运输的旅客行李而加贴的标贴。

（3）操作标签。根据货物的性质而加贴，提示在运输过程中的注意事项。

"不可倒置"标签：在收运禁止倒置货物时，应在货物的外包装上加贴"不可倒置"标贴，以防止货物在运输过程中因倒置而受到损坏。

"固定货物"标签：在收运一些大件货物时，应在货物的外包装上加贴"固定货物"标贴，以防止货物在运输过程中滑动而受到损坏或者破坏其他货物。

"押运货物"标签：在收运一些贵重货物时，应在货物的外包装上加贴"押运货物"标贴，以防止货物在运输过程中发生丢失。

"防止潮湿"标签：在收运一些需要保持在干燥环境下运输的货物时，应在货物的外包装上加贴"防止潮湿"标贴，以防止货物在运输过程中因为受潮而导致货物损坏。

（五）订舱

订舱就是将所接收空运货物向航空公司申请并预订舱位。

货物订舱需根据发货人的要求和货物标识的特点而定。一般来说，大宗货物、紧急物资、鲜货易腐物品、危险品、贵重物品等，必须预订舱位。非紧急的零散货物可以不预订舱位，如中国南方航空公司针对普货可以接受代理人网上直接订舱。

订舱的具体做法和基本步骤：接到发货人的发货预报后，向航空公司吨控部门领取并填写订舱单，同时提供相应的信息。信息包括：

（1）货物的名称。

（2）体积（必要时提供单件尺寸）。

（3）重量。

（4）件数。

（5）目的地。

（6）要求出运的时间等。

（7）货运单号码。

（8）其他运输要求（温度、装卸要求、货物到达目的地时限等）。

航空公司根据实际情况安排航班和舱位。航空公司舱位销售的分配顺序如图 1-5 所示。

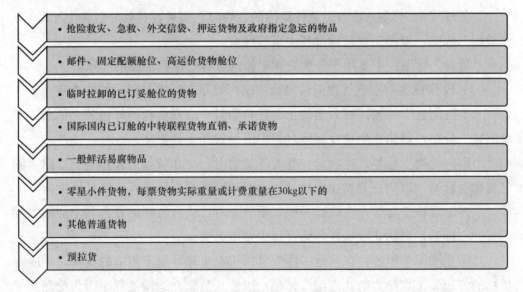

- 抢险救灾、急救、外交信袋、押运货物及政府指定急运的物品
- 邮件、固定配额舱位、高运价货物舱位
- 临时拉卸的已订妥舱位的货物
- 国际国内已订舱的中转联程货物直销、承诺货物
- 一般鲜活易腐物品
- 零星小件货物，每票货物实际重量或计费重量在30kg以下的
- 其他普通货物
- 预拉货

图 1-5　舱位销售的分配顺序

货运代理公司订舱时，可依照发货人的要求选择最佳的航线和最佳的承运人，同时为发货人争取最低、最合理的运价。订舱后，航空公司签发舱位确认书（舱单），同时给予装货集装器领取凭证，以表示舱位订妥。

预订的舱位有时会由于货物、舱位超售（某些航空公司为了不造成航空运力的浪费，进行适度的超售）、单证、海关等原因使得最终舱位不够或者空舱，此类情况需要综合考虑和有预见性等经验，尽量减少此类事情发生，并且在事情发生后做及时必要的调整和补救措施。

三、进港运输销售代理业务

进港运输销售代理业务是指对货物从入境到提取或转运整个流程的各个环节所需办理的手续以及准备相关单证的全过程。

航空货运销售代理公司应努力构建自己的代理服务网络，根据自己的业务种类、规模大小、资金实力、营销战略目标等情况决定设立海外代理公司或利用海外合作代理伙伴来完成货物在进港国的相关手续。

（一）代理预报

在国外发货之前，由国外代理公司将运单、航班、件数、重量、品名、实际收货人及其他地址、联系电话等内容通过传真或 E-mail 发给目的地代理公司，这一过程被称为预报。到货预报的目的是使代理公司做好接货前的所有准备工作。代理预报的注意事项如下：

（1）中转航班。中转点航班的延误会使实际到达时间和预报时间出现差异。

（2）分批货物。从国外一次性运来的货物在国内中转时，由于国内载量的限制，往往采用分批的方式运输。

（二）交接单证、货物

航空货物入境时，与货物相关的单据（运单、发票、装箱单等）也随机到达，运输工具及货物处于海关监管之下。货物卸下后，将货物存入航空公司或机场的监管仓库，进行进港货物舱单录入，将舱单上总运单号、收货人、始发站、目的站、件数、重量、货物品名、航班号等信息通过电脑传输给海关留存，供报关用。

同时根据运单上的收货人及地址寄发取单、提货通知。若运单上收货人或通知人为某航空货运代理公司，则把运输单据及与之相关的货物交给该航空货运代理公司。航空公司的地面机场代理向货运代理公司交接的内容如下：

（1）国际货物交接清单。

（2）总运单、随机文件。

（3）货物。

交接时要做到：第一，单、证核对，即交接清单与总运单核对。第二，单、货核对，即交接清单与货物核对。

核对后，出现问题的处理方式见表1-7。

表1-7　货物交接问题的处理方式

总运单	清单	货物	处理方式
有	无	有	清单上加总运单号
有	无	无	总运单退回
无	有	有	总运单后补
无	有	无	清单上划去
有	有	无	总运单退回
无	无	有	货物退回

另外，还需注意分批货物，做好空运进港分批货物登记表。

航空货运代理公司在与航空公司办理交接手续时，应根据运单及交接清单核对实际货物，若存在有单无货或有货无单的情况，应在交接清单上注明，以便航空公司组织查询并通知入境地海关。

发现货物短缺、破损或其他异常情况，应向民航索要航空货物运输事故记录单，作为实际收货人交涉索赔事宜的依据。

货运代理公司请航空公司开具航空货物运输事故记录单，通常因为以下原因：

（1）包装货物受损：①纸箱开裂、破损、内中货物散落（含大包装损坏，散落为小包装，数量不详）；②木箱开裂、破损，有明显受撞击迹象；③纸箱、木箱未见开裂、破损，但其中液体漏出。

（2）裸装货物受损：①无包装货物明显受损，如金属管、塑料管压扁、断裂、折弯；②机器部件失落，仪表表面破裂等。

（3）木箱或精密仪器上防震、防倒置标志泛红。

（4）货物件数短缺。部分货损不属运输责任，因为在实际操作中，部分货损是指整批货物或整件货物中极少或极小一部分受损，是航空运输较易发生的损失，故航空公司不一定愿意开具证明，即使开具了"有条件、有理由"证明，货主也难以向航空公司索赔，但可据以向保险公司提出索赔。对货损责任难以确定的货物，可暂将货物留存机场，商请货主单位一并到场处理。

第三节　航空货物的运送、到达与交付

一、航空货物的运送

货物运送流程如图 1-6 所示。

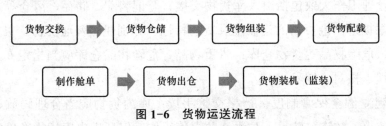

图 1-6　货物运送流程

货物运输的组织原则为：在一定的经济效益下，按照保证重点，照顾一般，合理运输，安全、迅速、准确、经济的原则组织货物运输，充分体现人民航空为人民的宗旨。承运人应当根据运输能力，按照货物的性质和急缓程度，有计划地安排货物吨位，并从宏观上合理利用每一航段最大吨位，充分发挥航空运输快捷的时效性，有效地提高运输服务质量。

（一）货物发运顺序

（1）抢险、救灾、急救、外交信袋、飞机停场急需的零配件（即 AOG 航材）和政府指定急运的物品。

（2）指定日期、航班和按急件收运的货物。

（3）有时限、质重和零星小物品。

（4）他站误装、漏卸经本站卸下的货物，本站误卸和因故拉卸的过站货物。

（5）国际和国内中转联程货物。

（6）一般货物按照收运的先后顺序发运。

（二）货物运输路线选择

（1）运输路线的选择应当根据合理、经济、迅速的原则，把几种方案加以权衡比较，择优而定。

（2）凡有直达航班的，均应由直达航班运送货物，尽量避免迂回倒置运送及不合理中转，有紧急货物需运输或倒运以加快运输速度时，必须经过运输路线上有关航站同意。

（3）如直达航班的班次较少，利用联程航班中转运输速度较快时，可交联程航班运送。各航站在一般情况下应根据运程合理的原则选择货物的联程地点及衔接航班。

（4）需分批发运的货物，应尽可能沿着同一运输路线，而不要分几条运输路线发运，以免造成运输混乱；需联程运输时，应尽可能经由同一联程站中转。

（三）货物仓库管理工作

仓库管理工作大致包括出入库货物交接、登记装配、储存、清仓等。

（1）根据进出港货物的运输量及货物特性，分别建立普通货物、贵重物品、鲜活物品、危险物品等货物仓库；贵重物品、危险物品仓库应当指定专人负责出入库的管理、核对、销号。

（2）建立健全保管制度，严格交接手续；库内货物应当合理码放、定期清仓；做好防火、防盗、防鼠、防水、防爆等工作，保证进出库货物准确完整。

（3）仓库管理必须明确责任，划分区域专人专管，进行核对、清点、检查和登记工作，如发现未上交交接清单的货运单和货物，必须当日查清情况。

（4）有条件的仓库应当将小件货物和急件货物单独存放，做好配运工作。

（5）同一批货物应当集中码放在一起；急件货物与小件货物应当放置在一起；贵重物品、危险物品应当放入有锁的专用仓库；鲜活易腐货物根据需要应放入冷库储存。总之，要根据货物的性质和要求，采取相应措施，保证货物安全运输。

（6）货物码放要整齐、稳定、大不压小、重不压轻、木不压纸；货物的标签应朝外显露，便于辨认和处理；不稳定的、包装不够坚固的和过重的货物不宜码放。

（7）货区之间留出适当的间隙和足够的通道，便于人员的核对、装卸及车辆通行。

（8）超大超重、在仓库内存放有困难的货物，可放置在仓库外保管，但须采取有效措施，保证不丢失、损坏，不受雨淋。

（9）掌握库存货物情况，每日结算库存货物待运量，并及时反映积压情况，对积压严重的航线，应向上级报告，提出停收和清运的建议。

（四）分批货物运输

（1）一张货运单的货物应尽可能一次运清，避免分批发运。必须分批发运的，也应尽可能减少分批次数，以免增加工作手续和发生差错。分批发运的货物，每批都要过秤、清点件数、填写分批单。分批单必须逐栏填写清楚，不得省略。

（2）分批单一式二联，上联留始发站作为下批发运的依据，下联随同本批货物带给到达站。货运单目的站联应随同第一次分批单带给到达站。中途站不要拉卸分批发运的货物。

（3）联程货物分批发运的，如分批发运的货物在联程站照单全部转运，联程站可将原分批单随货运出，不必另开单。如联程站需再分批时，则应根据原分批单换开分批单，待运栏填该票货运单货物已运到本站的待运货物件数和重量，原分批单（即下联）连同换开的新分批单（上联）一起存本站。

（五）中转货物运输

（1）联程货物（中转）是指经由两个或两个以上的航班运送才能到达目的地的货物。

（2）始发站要根据运力、机型情况有计划地收运，成批货物要经联程站同意；联程站要及时转运，做好记录（谢春讯，2006）。

（3）动物、鲜活易腐等特种货物一般不办理中转业务，遇特殊情况时，要事先向中转站定妥转运航班和舱位。飞机起飞后，要向联程站、目的站发报。

（4）出发站根据联程站的机型和装卸条件填制货运单，运费一次收清。

（六）货邮舱单

（1）货邮舱单是始发站向到达站用飞机运送货物的交接凭证。在同一航站内部通常也用来作为各个环节交接货物的清单。

（2）货邮舱单的填写份数。一个航段的货邮舱单至少一式六份，一份供货物出仓，一份作为本站存查，一份用于结算（附货运单承运人联），另两份（以上）随货运单送交到达站，配载（值机）室留存一份。作为地面运输至少一式三份，一份供出仓，两份随货运单带给市内货运或机场，供对方核对货物使用。

（3）货邮舱单的填写方法见表1-8。

表1-8　货邮舱单的填写方法

名称	填写方法
航班号、飞机号	写明所配运货物的航班号和飞机号
飞行日期、出发站	写明该次航班飞行的年、月、日及飞机的出发地城市名称
货运单号码	逐行按货运单号码的顺序排列，填写货运单号码

名称	填写方法
品名	填写货运单所列货物品名
件数、重量	按货运单上所列的件数和重量填写
始发站、到达站	按货运单上出发站地名和到达站地名填写
总计	分别填写货物累计总件数、总重量和邮件、公邮的总件数、总重量
制表、复核	制单和出仓人在此栏分别签字
经手人签字	到达站或接收货物人员核对无误后在此栏签收。值机、复核和经手人在签字时必须写清姓名全称，不得填写简称
备注	此栏根据每票货物性质和储运注意事项的内容填写。如分批货的批次、中转货物的最终目的站、联程货物的到达日期、航班号、飞机号，以及是否为急件、贵重物品、押运货物或者属于不正常运输的"带单"（对方有货无单，将正式货运单及货邮舱单带到到达站）、"单"（对方有单无货，将货物用代用货运单补运至到达站，通常用货运单复印件或用托运书填写代单），及某些货件所装位置和某些货物的其他运输事项等

注：填制完货邮舱单后要填写货物装机单（一式二份）。

（七）货物的配载与出仓

（1）配载时应注意：①注意按货物的发运顺序、运输路线和分批发运的规定办理，对每批 5kg 以下的小件货可酌情提前配运；②如有前一航班未能运出的货物、邮件应优先配运；③要弄清所配货物的体积能否装入货舱，重量是否超过货舱地板的负荷；④要注意装在同一舱位的各种货物性质有无抵触；⑤配运联程货物，要考虑到联程站的转运能力；⑥重量、体积小的货物要与轻泡货物搭配装舱，以充分利用货舱载量和舱位；⑦对货机配载，要选配那些客机不便于装卸或不能载运的超重、超大货物；⑧一般应利用远程吨位配运远程货物，只有在没有远程货物的情况下，才可配运近程货物，近程吨位不可配运远程货物。

（2）配载的重量宁可小于而不能超过限额，同时选择好在最后结算载量时需要增加或拉卸的货物。

（3）在出仓时保管员应做到三对三符合，即货运单与货邮舱单相符、货邮舱单与装机单相符、装机单与出仓货物相符。

（4）货邮出仓搬运必须严格按照包装上的储运指示标志处理，如有需要特殊照料的货物，保管员应事先向搬运人员交代清楚。货物出仓时，如对货件重量有怀疑，应予以复查；如发现货物的重量或体积过大，货舱不能装入应另行调配；对分批发运的货物，除标准件外，应每批核实过秤，不可估算。

（5）出仓的货邮，应按航班飞机和到达地点及货舱号分别堆放，注意不要与未出仓的货邮混杂。

（6）包装不够完善或运输手续不齐全的货物，应分别修好包装，补齐手续才能出仓。

（7）为便于复核装机的货物、邮件，保管员应填写装机单。

（八）货运单据管理要求

（1）各类单据应当分门别类放置保管，可以日或月为单位装订成册，以利于查询。

（2）若航空货运单上托运人或收货人提出索赔诉讼的，必须保留到航空货运单填开之日起 2 年。

（3）运输票据、业务文件保管期满，可以销毁或做其他处理。在保管期满时，如尚存查询事项或未了案件，应当将有关业务文件抽出另行保管，待结案后再进行处理。

（九）特种货物装载电报

如航班载运了特种货物，则应在航班起飞后 30 分钟内向沿途各站拍发特种货物装载电报，以便各站做好有关工作，避免航班不正常时托运人及货物蒙受损失。

（1）电报识别部分见表 1-9。

表 1-9　电报识别内容

名称	内容
急缓标志	QS，第一等级，遇险报；QU/QX，第四等级，急报；Q*，第五等级，快报（* 代表除了 S/U/D 以外的其他任何字母）；QD，第六等级，平报
收电地址	以 7 个英文字母（地名三字代码、部门二字代码、航空公司或民航二字代码）为一组，如 PEKFICA
发电地址	以 7 个英文字母为一组，填写该电报的发电部门，如 CANFFCZ
日时组	填写电报拍发时间（国内运输使用北京时间，国际运输使用国际标准时间），由 6 位阿拉伯数字组成：1、2 位数字代表发电日期；3、4 位数字代表小时；5、6 位数字代表分钟。例：国内运输中 23 日 15 时 08 分应以 231508 表示

（2）电文部分。

识别代码：填写"SPLCGOADV"（即 SPECIAL、CARGO、ADVICE），表示该电报为特种货物装载电报。

标准格式：货运单号码 / 起讫地点城市对 / 件数重量 / 货物品名 / 性质代码 / 航班号 / 日期 / 城市对特殊要求 / 其他信息。

性质代码见表 1-10。

表 1-10　电文部分的性质代码

性质代码	货物类别
AOG	紧急航材
AVI	活体动物
BIG	超大货物
FRZ	冷冻货物
HEA	超重货物
HE	种蛋
HUM	尸体
ICE	干冰
MED	急救用药品、医疗用品
NPM	纸型
PER	鲜活易腐货物
RRW	一级放射性物质
RRY	二、三级放射性物质
RART	限制运输物品、危险物品
URG	紧急货物
VAL	贵重物品

（十）货物的运达时限

（1）一般货物的运送时限：干线不超出 4 天运出，支线不超出 8 天运出。

（2）联程货物的运达期限：

第一，需要经过其他航站转运方可完成预期运输的大宗普通货物，应当在托运人提出申请时即向中转站电报申请航班 / 吨位 / 日期，经中转站同意后方可通知托运人办理托运手续。

第二，出发站以中转站同意的申报吨位计划为标准，严格限制托运人所托运的该批货物的重量，同时，要考虑体积因素，避免造成中转站分批发运。

第三，承运人应当根据运力情况及中转所需时间，向托运人提出申明运输的最长时限，以达成意向书面运输合约，避免造成延误运输。

二、货物的到达与交付

货物进港一般流程如图 1-7 所示。

图 1-7　货物进港一般流程

（一）业务袋的接取

航班到达后，应立即接取业务袋。业务袋内包括货邮舱单、货运单、邮件结算单（路单）、平衡图和载重表以及其他业务函件等，如图 1-8 所示。

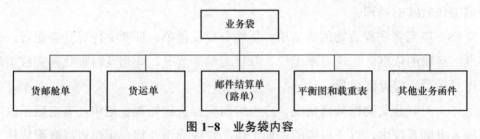

图 1-8　业务袋内容

（二）到达货物的处理

（1）货物的分拣工作应当在飞机到达后尽快完成。如发现不正常运输应立即电告前方站和始发站，后续的查询等工作均以此为初步证据。

（2）根据进港航班的货邮舱单认真核对货运单是否全部收齐无误。根据货物的目的地、收货地址把货物分成联程货物、机场留取货物、代理点提取货物，并分类填制货物交接单进行交接。

（3）如发现货物外包装破损和内物有异样，应当作货物不正常运输记录，并由交接双方、值班领导共同签名。一份交货物查询记录备案，以便后续查问处理工作的正常进行；一份随附在货运单上，以便在货物交付时和收货人验证时使用。

（4）如发现货物的重量和货运单上所列不符，要退补收运费时，应通知始发站向托运人退补收运费，如始发站已无法办理，可在货物交付时向收货人办理退补收手续；应当向收货人收取的款项，应在提货通知中说明，并在交付时向收货人收取。

（5）邮件运输的路单：按飞机载重平衡表上列明的或货邮舱单上列明的路单

数，做好记录向邮局代理人移交，并及时清点件数，做到路单、邮件双方人员在场清点处理。如发现异常情况，及时做好事故记录，并将事故记录移交给查询部门备案处理。

（6）分拣好的货物、联程货物应装入拖车或集装板上，码放整齐。机场留取货物和代理点提取的货物要及时入库按规定码放，以便交接。

（7）对到达本站的联程货物，应当注意核对有关运输凭证和货物件数，检查货物和包装状况。凡发现内物破损、包装不良等不正常情况应及时填制事故记录，发电向有关航站查询，并设法弥补差错，整修包装，以便续运。如货物破损严重，继续发运会增加破损程度，应停止转运，同时电告始发站货物破损情况，转告托运人提出处理意见；将全部处理过程和情况记录移交货运查询备案，以备查询工作后续的处理。

（8）应当将联程货物的货运单、货物分批发运单、证明文件等妥善保管，作为继续运输的依据。如遇有单无货、有货无单等情况，应当及时查找补齐或填制代用货运单，以保证单货一致。

（9）对联程货物的处理情况，应当填制联程货物处理登记单，有电脑系统的要输入电脑系统中，以备后续的查询工作。联程货物处理登记单可以联程货物交接清单为标准格式统一使用。

（10）分批运抵的货物要在分批货物登记单上做好记录，以便能清晰地知道何时清运完毕。

（三）到货通知

（1）电话通知。凡能用电话通知的应当尽量用电话通知。在用电话通知时，应当交代有关事项，问明受话人姓名并将通知日期和受话人姓名记录在货运单有关栏内，以便备查。

（2）书面通知。对于不使用电话通知的收货人，可采用邮寄提货通知的办法进行通知。到货通知单采取单页卡片式挂号交寄。

（3）到货通知的一般规定：①货物运至目的站后，除另有约定外，承运人应及时向收货人发出到货通知，急件货物的到货通知在货物到达后 2 小时内发出；②对于能预知收货人名称及到达时间的货物，如报纸纸型、包机货物等，应当在知道飞机到达时间后即可通知提货；③对于普通货物的到货通知，在到达机场或市内货运处后 24 小时内发出到货通知；④如货运单未随货到达，应当根据货物包装的发货标志通知收货人提货，如有疑问，应当发电查询清楚或待收到货运单后再做处理，以免通知错误；⑤在发出到货通知5天以后，如收货人仍未提货，应当再次发出到货通知；⑥到货书面通知应当以挂号信的形式邮寄。

（四）货物运输事故记录

（1）发现货物破损时，应当及时填制货物运输事故记录，对于包装破损严重的货物，应当详细记录，并妥善保管，等候收货人验证后的意见。

（2）在交付货物时，应当将运输事故记录附上，会同收货人共同检查货物内容。

（3）在收货人签收时，可给予一份运输事故记录，作为日后索赔凭证。

（4）对联程货物，必须将包装修复或重新包装后，才能续运。

（5）破损货物转运时，应当做好运输事故记录多份，将此记录附在货运单上，随货物运往到达站。

（五）货物保管

（1）普通货物和危险物品，从发出到货通知的次日起免费保管3日。

（2）活体动物、鲜活易腐物品以及其他需冷藏、冰冻的货物到达后免费保管6小时。

（3）贵重物品到达当日免费保管。

（4）非承运人原因造成的收货人未收到或延迟收到到货通知，承运人不承担责任。

（5）货物被检察机关扣留或因违章等待处理现存放在仓库内，应当由收货人或托运人付保管费和其他有关费用。

（六）货物交付

（1）收货人应在承运人指定的提货地点提取货物。对活体动物、鲜活易腐货物及其他指定航班的货物，托运人应负责通知收货人到目的地机场等候提取。

（2）除托运人与承运人另行约定外，货物只交付给航空货运单上的收货人。

（3）收货人应凭本人有效身份证件提货。必要时，收货人应提供盖有公章的提货证明。

（4）收货人如遗失提货证明，应向承运人声明，并提供有效的证明文件来提取货物。

（5）收货人提取货物时，发现货物丢失、短缺、变质、损坏或延误到达等情况，应当场提出异议，由承运人按规定填写货物运输事故记录，并由双方签字或盖章。

（6）收货人提取货物并在航空货运单上签字而未提出异议，则视为按运输合同规定货物已完好交付。

（7）承运人按照适用的法律、政府规定或命令将货物移交给国家主管机关或部门，应视为完成交付。发生此类情况时，承运人应通知托运人或收货人。

（8）经常有货物到达的单位，与承运人协商同意后可以出具委托书指定专人凭印鉴提货，不必每次开具证明。

（9）每一张货运单只允许有一个收货人。

（七）交付程序

（1）查验收货人的有效身份证件，注意防止冒提和误交提货，注意是否超过免费保管期限。

（2）收清应当向收货人收取的所有应付费用，如运费、保管费和其他费用。

（3）根据货运单核对发货标志和货物标签无误后，将货物点件、对号交给收货人；请收货人查看货物是否完整无损，对贵重物品和重要货物更应查验清楚。

（4）将货物点交以后，如收货人对货物的完整无损未提出异议，请其在货运单收货人栏内签收；如货运单未随货到达，应请收货人在代货单上签收，待货运单到后附在一起存查；如货物分批到达，分批交付，应请收货人在货物分批发运单收货人栏内签收。

（5）收货人提取货物并在货运单上签收后，可视为承运人即完成该次承运任务，货物已完好交付。

（6）货运工作人员也应在货运单或分批发运单交付人栏内签字，并在提货日期栏内注明日期并销号。

（7）到达站应将已交付货物的货运单逐日整理按日期装订，妥善保存，以备查考。

（八）集装运输

（1）集装运输：集装运输是将行李、邮件、货物在合理装卸的条件下，按照同一流向进行集合装箱、装板运往目的地的一种运输方式。特点是减少货物装卸时间，提高工作效率，减少货物装卸次数，提高飞机完好率，减少差错事故，提高运输质量，节省货物包装材料和费用，有利于组织联合运输和"门对门"服务。

（2）集装板：集装板是根据机型要求制造的一块平面台板，将货物集中放在板上，用网罩或拱形盖板固定，然后锁定入货舱内，以达到速装速卸的目的。集装板的厚度一般不超过 1 英寸[①]，在板的边缘应有固定网罩的装置，网罩可用绳子或皮带打成方形或菱形网格。

（3）拱形结构：无结构拱形盖板是 Non-Structural Igloo，前面敞开没有底部的结构，用硬质的玻璃纤维、金属或其他材料制成，拱形形状是为了与货舱的轮廓一致，可放在与客舱交接部位并与集装板同用，用外面的网罩固定。用拱形盖板可使集装板容纳最大载量。当无结构拱形盖板具备前部和底部并摆脱网罩的固定而单独使用时，就变为有结构拱形箱。

（4）集装箱：集装箱的类型见表 1-11。

表 1-11　集装箱类型

类型	内容
内结构集装箱	Intermodal Conta I Ners.20 英寸或 40 英寸宽，8 英尺[②]高，可装在宽体飞机主货舱内。此类集装箱主要用于空运及转入地面运输时使用（公路、海运、铁路）
主货舱集装箱	Main Deck Containers，63cm 高或更高一些，因此只能装在货机的主货舱内
下货舱集装箱	Lower Deck Containers，只能装在宽体飞机下货舱内，有全型和半型两种类型。货舱内可放入一个全型或两个半型的此类集装箱。集装箱的高度不得超过 163cm
有证书集装器	即通用集装容器，可以适用于多种机型。此类集装器是被政府有关机构授权的集装器制造商授予证书，并满足飞机安全需要的集装器，被认为是飞机可装卸的货舱，能起到保护飞机设备和构造的作用
无证书集装器	即非通用集装容器，只能适用于特定机型。此类集装器没有授予证书，也不作为飞机可装卸的货舱。因为它们的形状不能完全符合飞机货舱的轮廓，但可适应地面操作环境，此类集装器只能用于指定机型和指定的货舱内，禁止用于飞机的主货舱内。当放入货舱时，此类集装器的顶部和四壁必须牢固

①1 英寸 = 2.54 厘米。

②1 英尺 = 12 英寸 = 0.3048 米。

第四节　航空货物的不正常运输

一、多收货物

多收货物是指卸机站收到未在货邮舱单上登录的货物，或者实际收到的货物件数多于货邮舱单或货运单上登录的件数。

（一）原因

多收货物大多数情况下由下列原因造成：

（1）装机站将运输计划外的货物混在计划内的货物中装上飞机。

（2）装机站错将其他航站的货物装在航班上造成错运。

（3）装机站临时加货，但未来得及修改货邮舱单，也未来得及将货运单装入文件业务袋内带往卸机站。

（4）如果是过站航班，卸机站可能错卸了过站货物，这种情况下货物标签显示的目的站往往与航班的某一个航站相吻合。

（5）上一航班漏卸的货物，混在本航班的货物内，卸货时顺便卸下了飞机，这种情况一般是非常小件的货物，如文件、零件等，而且货物标签显示的目的站与本航班所有目的站不相吻合。

（二）处理

（1）货物目的站为本航站时发送查询电报，将多收货物的详细情况通知有关航站，索要货运单。

（2）如果货物标签显示多收货物的目的站不是本航站时，应发送查询电报，将多收货物的详细情况通知货物的始发站、中转站、装机站和目的站，征求处理意见。得到当事航站的处理意见后，按当事航站的意见处理。

多数情况下需要将货物继续运输或者退回装机站，具体的处理办法主要包括：①继续运输，使用货运单传真件或复印件（也可直接在电脑系统提取打印件）或代货运单，将货物运至装机站要求运往的航站；②退回装机站，使用货运单复印件或代货运单将货物退回装机站，在货运单复印件或代货运单和货邮舱单上注明不正常运输情况。

继续运输或退回装机站的航班／日期确定后，发送电报将运输货物的航班和日期通知装机站和其他有关航站。

（3）多收既有货物又有货运单但未在货邮舱单上显示的货物，此类货物多为临时加装的急运货物，收到货物的航站只需将货运单号码、货物件数、始发站、目的站等信息登录在货运计算机系统和货邮舱单上，同时通知有关航站即可。

二、多收货运单

多收货运单是指卸机站收到未在货邮舱单上登录的货运单，也未收到货物。

（一）原因

发生多收货运单的原因大多数情况下由下列原因造成：

（1）装机站错运，较常见。装机站将不是本航班运输的货运单夹在本航班运输的货运单中运到了卸机站。这种情况常见于货运单上的目的站与航班目的站一致。如果不一致则是确凿的运单错运。

（2）卸机站错卸了后面航站的货运单。这种情况多发生在过站航班上，其货运单上的目的站与航班后面的航站一致。

（3）装机站临时加装的急运货物，因操作时间仓促，未来得及将货物装上飞机，也未来得及在货邮舱单上登记。这种情况下货运单上货物品名多为"急救货物""急救药品"等急运货物。

（二）处理

（1）多收货运单的航站应尽快向始发站、装机站和其他有关航站发送查询电报。

（2）如果货运单的目的站不是本航站，应征求装机站和货运单目的站的处理意见，得到答复后按对方意见处理。操作办法包括：①在货运单和货邮舱单上注明不正常运输情况；②将有关货运单查询的来往电函的复印件随附在货运单后面；③确定运出货运单的航班/日期后，发送电报通知有关航站。

三、少收货物

少收货物是指卸机站未收到已在货邮舱单上登录的货物，或者收到货物的件数少于货邮舱单上显示的件数。

（一）原因

发生少收货物的原因大致如下：

（1）本站清点货物件数的时候没有清点清楚，所以发现少收货物的时候，首先必须保证本站对货物件数的清点准确无误。

（2）由于种种原因，装机站没有将计划运输的货物全部装上飞机，发生临时拉货但没有或未及通知卸机站。

（3）如果航班是过站航班，有可能是本站在卸货时漏卸，导致货物被运到下一站，属于本站人为差错造成。

（4）由于始发站收运环节的失误，造成货物的实际件数少于货运单上显示的件数。这种情况一般发生在业务量不是很大且操作流程简单、复核不到位的航站。

（5）本站漏卸：由于工作疏忽大意，卸机后未按规定清舱或清舱不彻底等原因造成货物被遗漏在飞机货舱内。漏卸的货物多数属于体积较小、重量较轻的货物。这种情况属于人为差错。

（二）处理

（1）确认少收货物，首先在货邮舱单上注明不正常情况。

（2）立即向装机站、经停站（过站航班）和货物目的站发送查询电报。

（3）少收货物的航站经过查询，航班到达后 14 日内仍然没有结果，可做的处理包括：①将少收货物的详细情况汇总上报本航站和装机站、始发站业务管理部门或业务主管领导，征求处理意见，并按意见处理。②将已收到的货物和货运单退回装机站处理。除非事先经过装机站同意，这种情况不适合鲜活易腐、贵重物品、灵柩骨灰、枪械弹药、危险品、活体动物等特种货物。对于特种货物的处理，必须在各个航站之间完全达成一致意见后按意见处理。③如果收货人急需，经其同意，按分批货物交付办法将已经收到的货物交付给收货人，这种处理办法必须尽快通知货物的始发站和装机站，或者先经过他们同意。

（4）自航班到达之日起满 30 日仍无查询结果，按无法交付货物处理。如果货主提出索赔，可按货物丢失先行赔付，赔付前须与货主就货物找到后的处理办法达成一致意见并签订书面协议，货物找到后按协议处理。

此办法需要与装机站或始发站协商并经他们同意才能实施。

（5）如果少收货物属于贵重物品、枪械弹药、危险品、外交信袋或其他敏感的特种货物时，除按上述程序处理外，还应立即向上级报告。

四、少收货运单

少收货运单是指卸机站收到已在货邮舱单上登录的货物，但是没有货运单。

（一）原因

发生少收货运单的原因大致如下：

（1）装机站漏装。按照一般的操作规程分析，货运单是跟随货物一起运输的。由于货邮舱单是根据货运单制作的，既然货运单信息已经登录在货邮舱单上，说明货运单应该与其他同机运输的货运单在一起（张辉等，2018）。卸机站没有收到，说明很大可能性是装机站在准备航班的时候不小心把货运单丢失了。

（2）卸机站在分发、核对货运单的时候有疏漏，将货运单分到了不应该去的地方。此种情况下应仔细检查工作场所，确实没有在被错分的情况下才能向装机站查询。

（二）处理

（1）确认少收货运单，并且本站确实没有错分错放的问题，应立即发送查询电报，将情况通知装机站和始发站，索要货运单正本或货运单复印件、电子版等能够代替货运单的文件。

（2）如果货物的目的站不是本航站时，应征求装机站的处理意见，并按照装机站的要求，将货物继续运输或退回装机站：①继续运输，使用始发站或装机站传来的货运单或其复印件将货物运至装机站要求的航站；②退回装机站，使用货运单复印件或代运单将货物退回装机站。

做如上处理时，应在货运单或其复印件上注明"根据××航站××电报（或电话）退货"字样，在出港货邮舱单的备注栏内注明"退货"字样。也可将有关电报随附在货运单或货运单复印件上一起运往装机站。

确定运出货物的航班／日期后，发送电报通知有关航站。

五、货物漏装

货物漏装是在航班起飞后，装机站发现应当装机的全部或部分货物未装上飞机，货运单和货邮舱单已随航班带走。

（一）原因

（1）装机站工作疏忽，人为原因造成的应该装上航班的货物被全部或部分遗忘，致使航班空载而飞。

（2）少量货物漏装的原因一般是临时加货后，只将货运单装上航班，忘记装货。由于临时加货多属于紧急运输的货物，漏装有可能造成货主与航空承运人之间的运输纠纷，将给承运人造成无法预料的声誉和经济损失。

（3）如果是整个航班的货物全部漏装，且在货物较多、重量较大的情况下，将造成航班隐患。由于飞机上装载的货物、行李和邮件的重量直接影响到飞机在滑跑起飞过程中的姿态和相关起飞数据的预先设定，特别是飞机升空后机身的俯仰平衡。当飞行人员按照预定的装载重量设定飞机的平衡指数和尾翼配平度以后，飞机将在这个范围内自动调节飞行姿态。如果应该装上飞机的货物没有装上航班，飞机的飞行姿态将发生难以预料的变化，严重的时候将造成飞机飞行姿态失控，直接影响飞行安全。所以，货物漏装对航班飞行安全危害巨大，不可忽视。

（二）处理

装机站发现货物漏装，应立即采取措施进行补救：

（1）如果是整个航班的货物全部漏装，装机站应立即通过航班运行控制或指挥部门与机组取得联系，将漏装货物的重量和每一个货舱的空载重量通知机组，尽快修改航班的载重平衡数据，确保航班飞行安全。

（2）无论是少量货物漏装还是整个航班全部货物漏装，装机站应立即通知货物的卸机站和目的站，说明漏装货物的货运单号码、件数、重量、始发站、目的站、计划补运的航班和日期。

（3）装机站应在货运计算机系统中修改货邮舱单的相关信息，注明货物漏装及补运情况。

六、货物漏卸

货物漏卸是指卸机站未按照货邮舱单卸下该航站应卸下的货物。

（一）原因

（1）卸机人员对应在本站卸机的货物件数和某些注意事项心中无数，盲目操作导致。这种情况很容易发生在过站航班上。

（2）对终点站是本站的航班，卸机人员工作马虎，卸机后没有对飞机货舱进行清舱或清舱做得不彻底，导致个别包装较小的货物，如信函、文件、小件货物，被遗漏在飞机货舱内。

当飞机执行下一个航班任务时，被漏卸的货物在后续航班的站点被卸下，导致后续航班的航站多收货物。

（二）处理

（1）为了避免漏卸货物，接到装机站的航班释放信息后，对应在本站卸下的货物件数、重量和特殊装卸注意事项等信息进行及时整理，通知到负责该航班卸机的人员。对经本站过站的航班尤其应注意这一点。

（2）对本站是终点站的航班，业务人员应将到达本站的货物件数、重量、体积等及时通知卸机人员。卸机人员卸机后应清点卸下的货物件数是否正确。

（3）建立卸机后的清舱制度。航站应建立严格的卸机后清舱制度和清舱程序。对卸机完毕的飞机货舱，卸机班组应指定人员负责清舱。

（4）发现漏卸货物，如能确定漏卸的货物还在飞机上，并且飞机还在本站，应立即安排人员上机查找。如果航班已经离开本站，则应立即通过电话向下一航站发出查询信息，提出处理意见。

（5）如果无法确定漏卸货物的下落，应立即核对货运单。"自理货物"是指按照货物托运规定办理了托运手续，填开了货运单，但货物由托运人自己携带随航班前往目的站的货物。此类货物多数情况下属于紧急运送的性质特殊的急救货物、保密的尖端物品或资料、材料等。自理货物一般不需要收货人在目的站办理提货手续。货运单由目的站直接留存备查即可。当然，承运人也不需要对货物的运输安全负责。

（6）如果不是"自理货物"，也不能确定漏卸货物的下落，卸机站应尽快向有关航站发送查询电报。

（7）收到货物的航站应立即通知漏卸航站和装机站，使用代货运单将漏卸货物尽快退运至漏卸航站或直接运至目的站。在货邮舱单和代货运单上注明货物不正常运输情况。

（8）如果有关航站未发现漏卸的货物，应立即通知发出漏卸货物查询电报的航站。漏卸航站接到有关航站的电报信息后，应立即展开泛查。

（9）为了防止由货物漏卸演变成货物丢失，漏卸货物的查询应做好详细的查询记录。一旦确认为货物丢失，则应进入货物丢失赔偿程序。

七、货物错运

货物错运是指装机站在货物装机时，将不是该航班的货物装上该航班，致使货物错运。

（1）装机站如果确认货物被错运到某航站时，应立即打电话或发送电报将错运货物的货运单号码、件数等相关内容以及处理办法通知有关航站。

（2）收到货物的航站，应立即通知装机站，根据装机站要求，将货物退回或继续运输至目的站，在货邮舱单或代货运单上注明货物不正常运输情况。

（3）如果装机站不能确认货物被错运到何处，应向所有本站通航航站发送泛查电报查询。

八、多收业务袋

多收业务袋是指卸机站收到非本航站的业务袋。

（一）原因

（1）上一航班的卸机站没有将属于自己航站的业务袋取回，导致业务袋遗漏在飞机上，又随新航班运到本站。

（2）如果航班是在本站过站的联程航班，本站将属于下一航站的业务袋拿下飞机。

（3）装机站将不属于本站的业务袋错装到航班上，导致本站多收业务袋。

（4）装机站将不属于本航班的业务袋误装到本航班上，导致本站多收业务袋。

（二）处理

（1）发现多收业务袋应立即判明原因，并发送电报通知有关航站。

（2）安排最早航班将业务袋运至应到目的站，并发送电报将运输的航班、日期通知业务袋的装机站和目的站。

（3）如果业务袋的装机站要求对业务袋另做处理，应按照装机站意见进行处理。

九、少收业务袋

少收业务袋是指卸机站未收到应该到达本航站的业务袋。

（一）原因

（1）装机站漏装或错装。

（2）本站漏卸。

（3）过站航班的上一航站将不属于本航站的业务袋卸下。

（4）接收业务袋的人员在飞机上未找到业务袋。

（二）处理

（1）发现少收业务袋，应立即通知航班的装机站或经停站。

（2）发现少收业务袋的航站应将已到达的货物妥善保管，并检查其中是否有贵重物品、鲜活易腐货物、危险物品、活体动物等，对有时限的货物应立即电话通知有关航站或收货人，并索要货运单，或通过货运计算机系统提取货运单信息，填制代货运单后交付货物。

（3）多收业务袋的航站应安排最早的航班将多收业务袋运至少收业务袋的航站，并发送电报将运输的航班／日期通知有关航站。

（4）航站收到补来的业务袋后立即按照进港工作程序对货物、邮件进行核对和分拨处理。

（5）航站如果收到了业务袋，但是业务袋内只有货运单，没有货邮舱单，处理办法包括：①从货运计算机系统中提取货邮舱单或根据收到的货运单填制代货邮舱单，并据此核对货物；②如果装机站没有安装计算机系统，接到卸机站少收业务袋的信息后，应尽快将货邮舱单或复印件传真或利用后续航班带到卸机站；③卸机站接到装机站补来的货邮舱单后，应及时核对处理货物。

十、货物丢失

货物丢失是指货物在承运人掌管期间部分或全部被盗，或下落不明，经查询满 30 日仍无下落。下落不明被视为丢失的期限由承运人根据惯例或经验自行确定。认定丢失的货物将进入赔偿程序。

（一）原因

除了人为因素发生的货物被盗，货物下落不明主要有以下原因：

（1）货物被错运到其他航站，而对方没有及时发现或处理。

（2）货物被混装在其他航班上运往目的站，目的站未及时发现并处理，导致装机站货物下落不明。

（二）处理

（1）发现货物被盗应立即保护现场，其他无关人员严禁进入现场。同时上报单位值班领导，由值班领导决定并报警。

对于包装被破坏并发生不完全被盗的货物，应在值班领导和警方协助下开箱检查，详细记录货物丢失情况，开箱检查的过程及结果应留下影像资料。

（2）对于下落不明查无结果满 30 日的货物，如果托运人或收货人提出索赔，可以按规定赔偿。

赔偿前应与索赔人商定丢失货物找到后的处理办法并签订书面协议，然后按照货物赔偿的程序理赔。已赔偿的丢失货物找到后，应及时与索赔人联系，按双方商定的意见处理。

（3）发现贵重物品、武器弹药、危险物品、精神药品和麻醉药品、外交信袋等特种货物被盗或下落不明时应立即上报并报警处置。

十一、货物破损

货物破损是指货物的外包装损坏、变形或受潮，致使包装内的货物可能或已经遭受损失。

（一）原因

（1）货物的外包装不能满足运输过程中正常搬运操作，导致包装开裂或损坏。

（2）装卸人员在操作过程中的摔、扔、重拿重放等非常规动作导致的货物外包装破损。

（3）货物存放期间由于防护不力导致的雨雪或积水对货物的浸泡、湿损。

（二）处理

（1）发现或发生货物的外包装有轻微破损，应在修复货物包装后继续发运，如果不能修复，应与托运人联系处理。

（2）货物的外包装破损严重，无法修复的，应及时与托运人或收货人联系，商定处理办法。

（3）中转站发现中转货物破损，应填制货物不正常运输记录，并在中转舱单上注明破损情况，同时发送电报通知有关航站。货物不正常运输记录的其中一份应随附在货运单后面，修复包装或重新包装货物后，继续运输。

（4）目的站发现货物破损，应填制货物不正常运输记录并通知有关航站。如果交付时收货人对货物包装状态提出异议，应填写货物运输事故记录，详细记录货物破损的真实状态，必要时留下音像资料。运输事故记录是收货人向承运人提出索赔的初始证据之一，由货主和承运人共同签字后生效。

十二、错贴（挂）货物标签

错贴（挂）货物标签是指货物识别标签上的货运单号码、件数、目的站等内容与货运单不符。

（一）原因

（1）人为失误，将不是本件货物的标签贴（挂）到了本件货物上，而本件货物的标签错贴（挂）到其他货物上。

（2）标签制作错误包括标签上的货运单号码、货物件数、重量、目的站等信息，有可能由于制作标签的人马虎导致信息错误。

（二）处理

（1）在始发站，根据货运单更换货物标签。

（2）在中转站或目的站，核对货运单和货物外包装上的收货人，复查货物重量，如果内容相符，则更换货物识别标签，并发送电报通知始发站。如果内容不相符，应立即发送电报通知始发站，详细描述货物的包装、外形尺寸、特征等，征求处理意见。

（3）错贴（挂）货物标签的航站收到电报后，应立即查明原因，并答复处理办法。

第二章 航空货物运输管理体系构建

第一节 航空运输系统及其国际管理

一、航空运输系统的服务需求与供给

随着民航运输市场运输规模的不断扩大，民航运输已经由当年"飞机＋跑道"就可以进行飞行运输的简单生产方式，发展成为当今具有严格规范的行业管理体系和生产管理体系的航空运输系统——拥有专业化机队的航空公司、先进跑道与设施设备配套齐全的机场系统和基于卫星通信导航的空中交通管理系统（苑春林，2018）。通过三大基本系统的合理分工、紧密合作和协调运行，形成根据民航运输活动的组织和实施过程所涉及的功能与范围，航空运输系统由以下两大部分组成。

（一）航空运输系统的服务需求

航空运输系统的初始需求来自旅客旅行和货主的货物运送，由此产生了三类基本服务需求（图2-1）。

（1）信息服务需求。在航空运输和地面保障服务的过程中，无论是服务需求方还是服务供给方都需要信息服务，并且信息服务的需求量在快速增长，无论是飞行和空中交通指挥、地面保障，还是旅客和货主、市场销售等方面，都需要及时而可靠的信息。

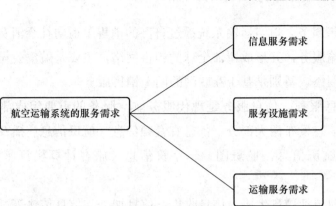

图 2-1 航空运输系统的服务需求

（2）服务设施需求。①在实施运输服务过程中产生的运输服务需求，如装载和运送旅客与货物的机队；②为安全飞行提供的安检、维修、地面保障服务等设备设施；③为飞行服务的通信导航设备设施；④为旅客和货物运输服务提供的机场和地面交通设施等。

（3）运输服务需求。运输服务需求包括两大部分：①来自民航业外的旅客旅行和货主的货物运输需求；②来自实施运输需求过程中产生的业内服务需求，主要是地面保障服务、地面交通、空中交通指挥、机务维修、信息处理、权益保护等服务。

（二）航空运输系统的服务供给

为了满足上述服务需求，必然产生相应的航空运输服务供给。航空运输服务供给主要包括如下内容（图 2-2）：

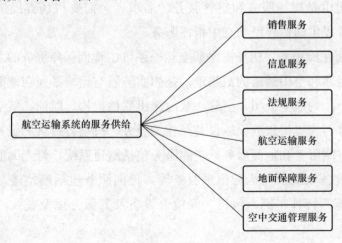

图 2-2 航空运输系统的服务供给

（1）销售服务。航空运输系统通过自己的销售渠道向社会消费者出售旅客和货邮航班运输服务，并形成覆盖全球的销售网络，主要是航空公司的直销网络和销售代理人网络，特别是基于互联网的网上销售服务。

（2）信息服务。信息服务是现代服务航空服务的重要组成部分，可以分为信息处理和信息发布两大部分。信息有音频信息（航班信息广播及通知发布）、视频信息（航班信息、航班图）、字符信息（旅客计算机订座、离港等各类报表）等。

信息处理包括信息生成、信息收集、信息加工与信息传输等过程以及用于处理信息的各类信息处理系统。信息发布是通过一定的设施设备，向客户提供航班信息。如航空公司发布航班计划信息，机场通过航显系统广播和显示航班进出港动态信息，空管通过内部通信系统向航空公司和机场发布航行情报和航班空中飞行状态信息等。在航空运输系统中，航空公司、机场和空管既是信息服务提供者，也是信息需求者。

（3）法规服务。在现代航空运输系统中，不仅有保障该系统能够安全高效运行的标准、规则、规程、规范等各类规章，还有能够保障航空运输系统健康有序发展的相关政策法规，以保障航空运输系统中服务需求者及服务供给者等各方面的权利和利益。

（4）航空运输服务。航空公司承担航空客货运输的主体，也是航空客货运输市场的销售主体。航空公司的主要生产工具视为满足多种航空运输需求的机队和航班运行管理信息系统。

航空公司也是机场服务和空管服务的需求者，需要机场方提供地面保障服务，需要空管提供通信导航与空中指挥服务。

（5）地面保障服务。机场方是航空运输系统中地面保障服务的主要提供者。机场是地面运输和空中运输的汇集地，是为实施航空运输必须在地面完成保障服务的主要场所，为航空公司、空管、政府派出联检机构、航油、航空维修以及为旅客和货主等客户提供服务设施设备及相关服务。机场方提供的服务主要包括两大方面，即空侧服务和地面服务。空侧服务包括跑道系统、灯光助航系统和站坪等设施及其设备以及机场运行信息服务等。地面服务包括航站楼、地面交通及停车场等设施，特种车辆、值机、安检等设备及其服务以及餐饮、商店等商业服务。

（6）空中交通管理服务。空中交通管理服务为航空公司执行航空运输飞行提供通信导航设施、航行情报和空中交通指挥服务，是航空公司飞行服务的供给者。

二、国际民航运输管理机构

（一）国际机场理事会

国际机场理事会（ACI），原名为国际机场联合协会，是一个全世界民用机场的非营利性国际性行业组织。国际机场理事会代表所有成员机场的共同利益，为机场与机场之间、机场与政府、机场与航空公司及其他民航组织之间的合作提供一个国际合作与交流平台，以促进全球民用机场的快速发展。

1. 宗旨与作用

国际机场理事会的宗旨是加强各成员与全世界民航业各个组织和机构的合作，包括政府部门、航空公司和飞机制造商等，并通过这种合作，促进建立一个安全、有效与环境和谐的航空运输体系。

国际机场理事会的主要职责包括：①为发展一个安全、环保和高效的航空运输系统，是机场为航空运输做出的最大贡献；②建立与民航运输业、股东、政府及国际机构之间的合作；③代表机场的权益，协调国际组织和机场所属国政府的法律、政策和标准；④提高公众对机场在社会和经济发展中重要性的认识，推进机场在航空运输系统中的发展；⑤促进机场之间的最大化合作，为成员机场提供先进的行业知识、建议和支持，帮助机场培育管理与运行方面的杰出人才；⑥发挥理事会的全球组织能力和广泛资源作用，为所有成员提供切实可行而有效的服务。

2. 机构组织

国际机场理事会目前有 5 个常务委员会，就其各自范围内的专业制定有关规定和政策。

（1）技术和安全委员会。主要涉及缓解空域和机场拥挤状况、未来航空航行系统、跑道物流特征、滑行道和停机坪、目视助航设备、机场设备、站坪安全和场内车辆运行、机场应急计划、消防救援、破损飞机拖移等。

（2）环境委员会。主要涉及喷气式飞机、螺旋桨飞机和直升机的噪声检测，与噪声有关的运行限制，发动机排放物及空气污染，机场附近土地使用规划，发动机地面测试，跑道化学物质除冰，燃油储存及泼溅、除雾，鸟类控制等。

（3）经济委员会。主要涉及机场收费系统、安全、噪声和旅客服务收费，用户咨询，商业用地收入及发展，高峰小时收费，硬软货币，财务统计，机场融资及所有权，纳税及各种影响经济的因素：航空公司政策变动、合并事项，航空运输协议的签署，航空业与其他高速交通方式的竞争，计算机订座系统。

（4）安全委员会。主要涉及空陆侧安全、隔离区管理措施、航空安全技术、安全与设备之间的内在关系。

（5）简化手续和便利旅客流程委员会。主要涉及客、货、邮处理设备，旅客及货物的自动化设备，对付危险物品、走私毒品的措施，设备与安全之间和内在关系等。

该理事会在世界几大区域还设有分会，分别负责协调该地区的相关事务。目前的六个地区分会包括非洲地区分会、亚洲地区分会、欧洲地区分会、拉丁美洲／加勒比海地区分会、北美地区分会和太平洋地区分会。

北京首都国际机场于1996年11月17日被国际机场理事会正式批准成为该组织的会员。

（二）国际航空运输协会

国际航空运输协会主要功能是协调各个国家和各个航空公司之间的关系，促进政府间交流，管理航空运输中存在的各项问题，旨在促进国际航空事业发展。

1．职能

国际航空运输协会的宗旨参见第一章第一节，此处不再赘述。

国际航空运输协会的基本职能：制订航空运输价格等问题；完善国际航空运输规则；建立财务制度；保障企业间的合作，协调国际航空事业的法律法规；促进发展中国家的航空事业发展。

2．组织机构

国际航空运输协会由全体会议、执行委员会、专门委员会、分支机构组成。

（1）全体会议。作为国际航空运输协会的最高权力机构，全体会议有权讨论和决定航空事业发展的有关问题，决定国际航空运输协会的组织和发展。全体会议的举办周期为一年一次，遇到需要特别讨论的问题时，可以召开特别会议。有权参加全体会议的是国际航空运输协会组织的各个成员，成员规模无论大小，都拥有一票表决权，会议中的各项决定需要由全体会议通过后才能生效。在进行会议问题表决时，采用多数票原则。通常全体会议表决的问题，主要是涉及国际航空运输协会自身发展的决议，如进行相关职能机构的选举、讨论协会的发展、讨论财务问题等。

（2）执行委员会。由全体会议选举产生，是全体会议的执行机构，主要作用是主持全体会议的日常工作，作为国际航空运输协会对外的全权代表。执行委员会的日常工作主要包括管理协会的各项事务、管理组织下属的其他机构、研究制订有关政策等。执行委员会的成员主要由全体会议选举产生，成员人数通常为 30 人，成员任期通常为 1～3 年。

执行委员会的管理层主要包括理事长、秘书长等职务，同时下设各类专门委员会与相关机构，主要负责协会的各项事务。其中，理事长是国际航空运输协会的最高管理者，在执行委员会成员中产生并对执行委员会负责。

（3）专门委员会。为了确保国际航空运输协会的各项工作顺利开展，协会根据主要职能需要，下设从事专门业务领域的各个委员会，用于管理和协调专门性事务。这些委员会由航空事业领域的专家、航空公司代表和专门人员构成，委员会的成立需要得到执行委员会批准并由全体会议表决产生，在执行委员会监督下行使各项职责。目前，国际航空运输协会主要有运输、财务、法律和技术等相关委员会，其成员人数通常为 30 人。

（4）分支机构。国际航空运输协会成立于 1945 年，总部位于加拿大蒙特利尔，但主要机构设置在日内瓦、伦敦和新加坡。随着协会成员的不断扩大，国际航空运输协会的各个分支机构和办事处设在各个国家的主要航空城市，职能遍布全球。

（三）国际民用航空组织

1．目标

国际民用航空组织与国际航空运输协会有着本质不同。该组织隶属于联合国的一个专门机构，属于政府形式的国际组织，其成员主要是联合国中的各个成员国。

该组织成立的主要目标在于促进世界各国民航事业实现安全、可持续发展，加强国际间在民航领域的交流，并为国际民航事业确立基本的原则和措施。

2．可持续发展

国际民用航空组织响应联合国的可持续战略，未来将会继续引领全球民航可持续发展的风向标，在制定发展标准、引领技术升级、主导问题谈判、进一步促进合作等方面发挥作用。

（1）在减少碳排放方面起着领导作用。在目前的使命与愿景中，主要使命是为了减少航空领域的碳排放，联合各个成员国加强相关领域的研究与合作，构建全球论坛，保障成员之间在碳排放领域的交流，期待为民航领域设置节能减排指标；最终的愿景是发展更为节能环保的民航运输，实现民航事业的可持续发展。为了实现这些目标，国际民用航空组织进一步加强与成员国之间的沟通与协商，研究制订相关的碳排放标准，以期达成能够让各个成员国共同遵守的碳排放计划。为此，在国际民用航空组织的带领下，各个领域加强相关研究。国际民用航空组织一直致力于为全球民航的可持续发展做出努力。

（2）在协调国际航空领域协作的影响。要想实现全球民航业的可持续发展，需要世界各行各业以及所有人的共同努力和推动，光靠国际民用航空组织自身的力量很难解决。

为了实现国际民用航空事业在降低排放方面的目标，推动民用航空领域在环保技术上的进步，国际民用航空组织在联合国框架下，加强与联合国有关机构的沟通，加强与世界气象组织、联合国气候变化专门委员会、可持续发展委员会、全球环境基金、国际海事组织、世界旅游组织、部分非政府组织等相关组织的合作。制定相应的计划和政策，通过不断协调、协作以达到不断发展的目的和目标，积极发挥国际民用航空组织在国际航空运输领域中的重要作用，推动全球民航业的可持续发展。

第二节　航空公司运输管理体系

一、航空公司的类型

航空公司的主要职能是为顾客提供各类空中客运、货运服务及相关配套服务，在保障服务效率与质量的同时，按照法律规定获得相关利润。随着社会经济和科学技术的发展，航空公司的战略定位、市场规模、经营模式、营销能力在不断发展和调整，因而航空公司在民航运输市场中的地位和作用也随之产生差异。航空公司的类型可根据资产结构、经营航线类别和经营业务划分（图 2-3）。

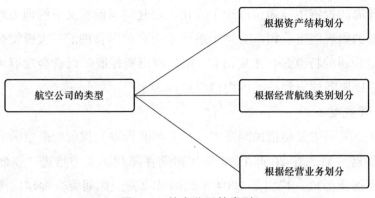

图 2-3　航空公司的类型

（一）根据资产结构划分

随着我国经济体制的改革，我国航空公司的资产出现多元化结构，目前主要有国有航空公司、地方航空公司和民营航空公司（图 2-4）。

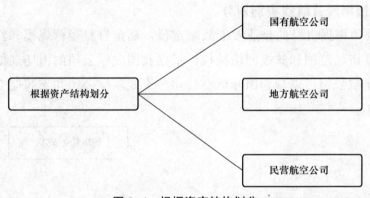

图 2-4　根据资产结构划分

1．国有与地方航空公司

（1）国有航空公司。在我国，国有航空公司主要指国务院对企业拥有所有权的航空企业。目前，我国民航市场的大部分由国有航空公司控制。在民航领域，以中国国际航空、东方航空和南方航空三家国有企业为例，三大企业经营范围主要是国内干线和国际航线，占据市场的主体地位，是支撑我国航空事业的主导力量。其中，中国国际航空公司是我国的旗舰航空公司。

（2）地方航空公司。在市场经济指导下，我国先后对民航体制实行改革，为了让地方政府参与民航事业，我国民航局对地方政府进行开放，允许地方政府出资建立民用航空企业，开辟地方航空支线。

随着我国民航体制改革的深入，地方航空公司的资产结构也逐步出现多元化，地方政府的投资主体地位出现了变化，因此，当前意义下的地方航空公司通常指一个省的旗舰航空公司，有别于隶属于中央政府管理的三大航空公司。大多数地方航空公司的特点是，主要由省 / 市政府出资控股，以省会政府为基础布局航线网络，以服务地方经济的国内航空运输为主。

2. 民营航空公司

民营航空公司主要是指民间资本（而非国有资本）控股的航空公司。"民营航空公司"这一概念在 20 世纪 90 年代初期伴随我国大力推进"枢纽－支线"发展战略而逐步形成。特别是 2004 年我国首家完全民间资金筹建的鹰联航空公司成立后，激发了我国民间资本投资民航运输业的热情。民营航空公司的主要特点是，公司资本主要来自民间经济实体，以经营支线民航客货运输业务为主。目前，我国民航运输力量主要是由以三大航空公司为主体的国有、地方与民营三大类航空运输企业组成。

（二）根据经营航线类别划分

航空公司根据自身的企业发展战略定位，确定自身经营规模和经营模式，随之确定其市场范围和航线网络结构。根据我国航空公司的市场规模和航线网络结构，航空公司可以分为国际航空公司、干线航空公司和支线航空公司三类（图 2-5）。

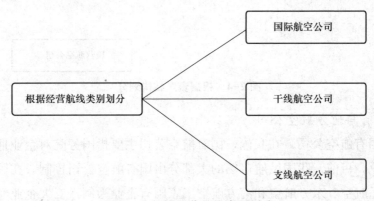

图 2-5 根据经营航线类别划分

1. 国际航空公司

国际航空公司主要是指经国家授权，在经营国内民航运输业务的同时经营跨越本国边境的航线运输业务的航空公司。随着航空市场的进一步开放，我国发展情况良好的地方航空公司，如山东航空、海南航空、厦门航空等开辟了国际航线，其中大部分为面向日本、韩国等国的短途国际航线，也包括少数通往欧洲、北美等热门地区的国际航线。

2．干线航空公司

干线航空公司主要经营连接全国各主要城市航线的公司。这些干线通常比较繁忙且客流量较高，对于客货运的机型和其他条件具有较高要求。

3．支线航空公司

支线航空主要指在省内进行交通或中小城市之间进行航空的线路。这些航线路途较短，客货流量较低，支线飞机通常为110座以下的中小型客机。经营这些航空支线的是支线航空公司，通常企业规模不大，运载能力有限。目前在我国，一些地方航空公司或民营航空公司在注册成立时都会声称经营支线，但由于目前我国的大多数支线航班亏损严重，因此这些航空公司实际上都在经营干线业务。

（三）根据经营业务划分

根据所从事的业务范围，航空公司可分为运输航空公司、货运航空公司、通用航空公司和低成本航空公司（图2-6）。

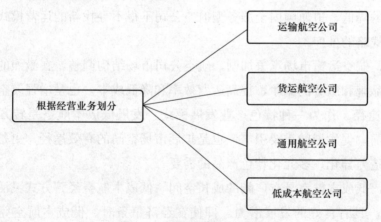

图 2-6　根据经营业务划分

1．运输航空公司

大众概念中的航空公司通常是以旅客运输为主、客货运输业务兼营的航空公司。对于一个航空公司的具体航班而言，如果配飞的航班飞机腹舱较小，则运载的全是旅客。通常情况下，航班飞机在装载旅客的同时配载货物或者邮件，以充分发挥航班飞机的载运能力增加航班收入。但是这些经营旅客运输的航空公司可能会有专门经营货运的航班，如国航和南航，都有以747货机为主的航班专门经营国际货运。

2．货运航空公司

货运航空公司主要指不涉及民航客运领域，而只专注于进行航空货运和邮件运输的企业。航空快递也属于货运航空公司的经营范畴，我国最大的货运航空企业为中国货运航空有限公司。中国货物邮政航空公司（EMS）经营的业务则以航空邮件和航空快递为主。

3．通用航空公司

通用航空公司是利用民用航空器进行除公共航空运输以外业务的航空企业。其应用范围十分广泛，目前发展规模越来越大。

4．低成本航空公司

低成本航空公司又可以称为廉价航空公司。随着大众的航空需求越来越大，廉价航空体现出更强的发展潜力。这些航空公司通过减少不必要的航空服务环节，控制企业的运营成本，为大众提供更为廉价的航空出行。

（1）低成本航空的必要性，具体如下：

第一，节约新政大大冲击了航空运输高端市场。近年来，由于航空公司高端旅客数量的降低，迫使国内全服务型航空公司不得不寻找新的运营模式去适应民航大众化战略的推广。

第二，航空运输市场竞争加剧，航空公司市场结构调整。在激烈的市场竞争中，除了品牌和服务的竞争，提高运营效率和降低成本，也是增强航空公司竞争力的有效途径。作为一种特色产业发展模式，发展低成本航空是转方式、调结构、增内需、促发展的重要引擎，也是扩展市场空间的有效途径，更是应对国际竞争，打造差异化、多元化特色产品的需要。

第三，低成本航空具有广阔的成长空间。低成本航空经营方式灵活，提供差异化服务，具有良好的发展潜力。即使在经济萧条时，低成本航空凭借竞争优势，依然能够实现盈利，并扩大其市场份额。当前，我国民航发展已步入新的阶段，但市场远未饱和，依然有巨大潜力可挖，关键在于开拓新业务、培育新市场、实现新突破。

（2）低成本航空发展的新趋势，具体如下：

第一，低成本航空正深刻改变着世界航空版图。欧洲全服务航空将全部退出欧洲的中短程（2～4小时）航线市场，通过组建自己的低成本公司或者转型，参与到该市场的竞争中，传统网络型航空公司将聚焦于国际长航线市场的竞争。通过资源有效重整，发挥各自特点，实现优势互补，提高行业整体运行效率。经过十几年的竞争、整合，欧洲低成本航空公司规模和实力不断增强，传统航空公司一家独大的格局正在逐渐被打破。目前，欧洲基本形成了3+2（汉莎、法荷航、英航、瑞安、易捷）为主体的市场格局。美国也初显出同样的市场新格局（达美、美航、美联航、西南、捷蓝）。低成本航空在世界航空运输市场中的地位越来越突出。

第二，低成本航空经营理念和运营方式有所创新。随着航空运输市场的发展，市场竞争愈演愈烈，一些低成本航空充分利用自身的成本领先优势，突破传统经营理念，实现多样化运营方式。如从中短程航线向长航线进行拓展、突破传统单一机型，增加长航线宽体机型、从二线机场转战一线机场、增加商务舱等措施，以达到构建合理的航线网络、增大运量，形成规模优势，从而降低成本的目的。传统全服务航空也在学习低成本航空的先进经验，通过调整商业模式和服务项目，降低成本，并增加收入。

第三，低成本航空探索建立联盟，实现合作共赢。传统航空公司通过加入国际三大航空联盟，实现资源的协调配合和无缝隙衔接，提升联盟内资源的利用效率。

近年来，低成本航空也在努力探索，建立低成本航空公司之间的联盟，以及低成本与传统航空之间的联盟，加强各航空公司之间的相互合作，在为旅客提供更多选择的同时，也实现了航空资源更高效的利用。

第四，低成本航空快速发展促进低成本机场的兴起。为了适应低成本承运人运量规模不断扩大的需要，部分国家将二、三线机场改造为低成本机场，或在大型枢纽机场修建低成本航站楼，通过降低机场服务收费标准、提供快速过站和简单差异化服务，成为低成本航空公司的主要运营基地。

随着我国天空的开放、民航运输价格管理体制的逐步放开，国家对低成本航空发展政策的颁布，我国低成本航空公司的运营规模将逐步壮大和完善，预计未来一段时间内，我国低成本航空市场年增长速度将达到12%，旅客年运输量达到3亿人次，到2030年，我国低成本航空市场份额将发展到20% ～ 30%。

民航企业把精力转移到低成本战略上，通过降低运营成本、提高辅助收入，降低票价，从而大力发展中低水平顾客的潜在消费市场，提高市场竞争力，在竞争中存活并逐渐发展壮大。中国低成本航空的发展符合中国旅客日益增长的航空运输需求，顺应了中国民航业的改革，也是航空运输发展的大势所趋。

二、航空公司的成立与审批

目前，民用航空市场规模不断扩大，社会各个领域和广大消费者的航空需求与日俱增，很多地方政府和其他企业都产生进入航空领域的积极性。但航空运输业对安全、技术、资金等方面的要求相对较高，航空企业也面临高成本、低利润的经营风险。因此，我国民航局对成立航空公司的审批依然十分严格。

为了保证航空市场的有序运行，保障我国民航事业安全发展，我国民航局制订了一系列规章制度，在航空公司审批中建立了基本规范。如果地方和企业要建立航空公司，需要在资金、技术和航空器等方面达到基本要求。

（1）拥有或租赁不少于3架达到要求的民用航空器。

（2）企业法人代表必须为中国公民，企业中的其他管理人员、经营人员具备民航运输的能力和经验，企业需要拥有具备航空器飞行、维护和其他相关技术的技术工种和人员。

（3）具有符合民用航空规章要求的专业技术人员。

（4）企业的注册资本不少于8000万元人民币。

（5）企业需要拥有从事民航业务的机场和其他场所。

（6）企业满足有关部门规定的其他必要条件。

地方政府和企业在创立航空公司过程中，应在筹建阶段递交筹建申请。在规定的时间内，企业要完成各项筹建工作，同时应接受相关民航管理部门的资格审查，审查通过后才可以申请航空经营许可证。如果企业在筹建期内未能通过审查并取得经营许可资格，可视为丧失成立航空企业的资格。在筹建失败后的2年内，相关申请人不能再重复申请航空企业的筹建。如果企业成功取得民航局的经营许可，还需要按照有关规定进行运行合格审定，审定合格后，相关企业才拥有运营相关业务的资格。

获得一定经营经验的航空公司在规模扩大后，可以申请设立分公司。申请设立分公司的必要条件是企业拥有3年以上经验，且企业经营状况良好。设立分公司要求航空公司具有3年以上的运营经验，安全、服务、经营状况良好。此外，航空公司还需具备飞行、机务、签派、安保、商务等组织机构以及与投放运力相适应、符合相关规章要求的经营管理、飞行、机务、签派、安保和商务人员等。

第三节　民用机场运输管理体系

一、机场的特性

民用机场是民用航空事业得以快速发展的基础硬件条件，也是一个国家或城市构建立体交通运输网络的重要基础设施。民用机场的建设和扩张，对一座城市和一个区域的经济发展、社会文化交流会产生巨大影响，已经成为跨越地理空间对外交流的重要门户。同时，民用机场的建设对带动一个地区的经济发展、加速资金、项目、技术和人才交流产生积极意义。在经济发达地区已经形成了以机场为中心、以民航运输业为基础的临空经济圈，成为带动地方社会经济快速发展的助推器。

与航空公司不同的是，机场占用较大规模的土地空间，机场、驻场企业、环绕机场四周兴建的经济实体，使机场地区成为当地经济社会不可分割的一个部分。机场作为民航运输业的一个重要组成部分，具有其社会特性和经济特性。

（一）社会特性

机场作为一种公共产品基础设施，具有以下主要社会特性：

（1）准公共产品属性强。民用机场属于城市基础设施的一部分，是一种具有有限的非竞争性或有限的非排他性的准公共产品。同时，机场在经营过程中可以通过各种消费手段，从市场中获取一定资金，从而弥补巨大的建设成本。机场既可以向航空企业进行收费，也可以向其他服务业企业及个人消费群体收取费用，进而产生一定利润。

航空运输是一种公共交通运输方式，与其他交通运输方式一样，建设机场的首要目的在于提供航空运输服务，加强对区域外的客货流动，以拉动和促进地方乃至一个区域的社会经济发展，是一种为全社会公众服务、投资规模大、直接经济回报周期长、社会效益高的公共性产品。

（2）社会关联度高。由于机场区位空间坐落一方，并且占地规模大，不仅是区域性公共交通基础设施，而且在机场周边形成了与之配套以及衍生的产业片区。不同于航空公司航线效益不佳可改飞其他城市，机场则永远扎根并服务于一方，与所在地的地面交通系统、社会公共保障性基础设施（水、电、气、油、通信等）、地方政府、社会就业与配套生活服务等社会实体，形成了一个密不可分且具有一定规模的机场社区，成为地方社会和经济结构中紧密关联的一个重要组成部分。

（3）社会功能多。机场作为公共交通基础设施的一部分，为社会大众提供航空运输服务，这是它的基本功能。由于机场作为一个城市乃至一个地区对外交流的空中门户，以及机场既有的快速集散优势，机场对地方社会和经济发展具有重要的促进作用。由于航空运输的快捷、高度机动性和通达性等优势，机场又是重要的国防基础设施。

（二）经济特性

机场作为一种营利性实体，具有以下主要经济特性：

（1）区域垄断性。区域垄断性主要是机场的覆盖范围较大，一个地区在相当长的时间内只需要一座机场，即可满足航空运输需求。除非城市人口扩张导致机场运力不足，才能产生新建机场的必要性。另外，由于机场的建设成本高昂，对机场的建设选址和规模要求十分严格，一定区域内不会有进行重复建设的可行性。由于机场覆盖的地理空间范围大，机场密集地区通常覆盖 1～1.5 小时的车程范围，大中型国际机场的覆盖范围更大。因此，在某一区域内通常只有一个机场的存在，从而形成了机场在这一区域内对民航运输市场的自然垄断现象。

（2）营利性。大多数机场按照企业模式进行经营，因此机场具有营利性，通过发展主营和非主营业务，为机场创造收益，为地方财政创造税收。由于机场还具有企业的性质，因此，在区域性航空运输市场中具有竞争性，以获得更多的市场份额。

二、机场的设立

在我国，民航局负责全国民用机场规划与建设的监督管理，要求运输机场的规划、建设和运行必须符合全国民用航空运输机场布局的有关规定，民用机场从筹建到投入运行，通常需要经历以下四大阶段的准备工作。

（1）机场筹备建设阶段。新机场筹建阶段的工作主要是为正式施行机场工程建设进行前期各项准备，包括新机场的选址、编写机场建设项目建议书、机场建设可行性研究、机场总体规划、机场初步设计和机场建设施工图设计等。

（2）机场实施建设阶段。机场工程的建设实施应当执行国家规定的招标投标、市场准入、监理、质量监督等制度，选择具有相应资质的单位承担工程设计和工程质量监理。机场工程竣工后，机场建设单位根据机场规划和工程设计，组织设计、施工、监理等有关单位，按照验收程序，确保整个机场工程质量符合设计目标和安全运行要求。

（3）机场使用许可认证阶段。按照民航局的有关规定，机场在申请使用许可过程中应该满足以下条件：①机场的管理机构必须满足中华人民共和国法人资格；②机场主要管理人员应具备相关从业资格；③机场的资产结构也因符合相关规定；④机场应形成完整的运营机制和管理体系；⑤为满足航空运输服务，机场需要具备飞行区、航站区、工作区等区域要求，具备配套完整的服务设施和服务人员；⑥必要的空中交通服务、航行情报服务、通信导航监视、航空气象等设施和人员，符合民航局空管部门的规定，并具备相关的运行管理程序；⑦飞行程序和运行最低标准获批准；⑧拥有安全保卫的人员和设施，形成处理突发情况的应急预案，建设相应的安全管理系统；⑨民航局认为有必要具备的其他基本条件。

三、机场与航空公司的协调发展

机场和航空公司在航空运输系统中扮演着不同的角色，航空公司承担具体的空中运输飞行服务，机场提供地面保障服务。在机场与航空公司之间，存在多种合作方式，主要有以下形式：

（一）协议关系

为了确保民航运输活动的顺利进行，明确民航职能划分，保障市场利润的合理分配，航空公司与机场管理机构需要通过协议关系，实现协同发展。航空公司需要根据航班、机型与客货流量等基础条件，同机场管理机构进行洽谈，使机场提供的各项服务和设施使用等，能够满足航空公司要求。同时，双方需要就费用问题进行商谈，最终达成合作协议。在实际工作中，双方需要按照协议内容履行各自责任，航空公司根据机场提供的服务支付相应费用，机场则按照协议内容，提供满足要求的服务。

这种代理合作方式，主要用于小型航空公司或者经由该机场航班量较小的情况下。例如，海南航空公司在南京禄口机场的委托代理服务。一些航空公司为了实现长期合作，会与机场建立"一揽子协议"，航空公司向机场长期支付费用，而机场运营方根据航空公司的需求，提供航空公司所需的各项服务内容。在国际民航市场上，航空公司与机场之间通常形成长期的协议关系，其协议时限可达数十年。

（二）第三方专业代理

在一些中大型机场，机场当局采取专业化管理模式，如首都机场和上海机场等，将机场的所有地面保障服务，不包括跑道和灯光系统，有一家或多家专业化的地面保障服务公司经营和管理，负责各航空公司在该机场的地面服务代理或合作事项。

（三）租赁关系

一些大型航空公司由于在该机场的航班量较大，在该机场设有设施，因此，承租不包括跑道及助航灯光设施之外的机场设施设备，如航站楼的某一区域，包括值机、安检、登机口、停机坪在内的整个服务设施，并有本航空公司派遣服务人员。这种方式对航空公司而言相对经济，对机场而言管理简单，因此承租时间较长。

（四）股份关系

机场与航空公司的合作过程中，可以建立股份合作关系。由于机场的投资规模较大，需要机场运营方通过多种渠道获取资金，降低机场建设和运营风险。很多机场需要航空公司的帮助，航空公司通过参股建设方式，成为机场的重要投资人。在机场运营过程中，航空公司可以分享机场的利润，并从机场获得更为便利的服务。

在机场运营客货流量充足的条件下，机场的运营状况良好，航空公司更愿意参与机场的投资建设。航空公司与机场形成股份合作关系，在机场管理、运营过程中占据一定话语权。航空公司也可以从机场的收益中支付机场相关的服务费用，同时，航空公司获得机场的优惠待遇和优先使用权。在股份合作关系下，机场与航空公司形成利益共同体，互相分担航空事业中的风险。航空公司的航线使用频率与客货流量会直接影响机场收益，而机场提供的服务也会影响航空公司的市场规模。然而，在股份关系下，机场与航空公司之间不会形成从属关系，而只会形成合作关系。其主要原因在于两者服务的对象不同，机场主要面向航空公司服务，航空公司主要面向旅客和其他货运企业服务。但无论两者采用何种合作方式，机场与航空公司都不能独立存在，需要建立密切合作关系，共同促进航空市场的发展。

四、机场运输的公共危机管理体系

（一）合理规划周边土地

地区在航空新城开发建设过程中，建议着重考虑城市建设与机场运行的和谐共生关系，确保机场周边的土地开发利用与机场功能相符合。正确理解"航空大都市"概念内涵：机场周边以布置物流园区、保税仓储、商务会展、科技研发等对航空速度依赖度较高的产业和商业设施为主，充分发挥机场在全球化速度经济时代的特点，将航空新城打造成高端制造业物流集散基地和高端商务会展集散地。借鉴成功案例，在距离机场一定距离建设人员居住区和机场翼城，为航空新城提供居住和配套服务。

建议对机场周边土地的噪声、安全威胁等做出详细评估和预测，依据机场终端发展规模制订控制性规划。一旦规划经上级政府部门审批通过后应严格执行，地方和机场不得随意调整和变更执行，一方规划调整前，应征询另一方意见，确保双方规划的相容性。

严格控制机场起落航线 15 公里及跑道两侧 6 公里范围内的建筑高度，禁止超高建筑物建设。不宜建设住宅、学校、医院等人员密集和对噪声敏感的公共基础设施。特别针对机场航空油料库区周边，严格按照危险化学品行业标准设置安全间距。对机场临近区域 8 公里范围内，应尽量避免人口稠密高容积率高层住宅区的建设，以绿地、公园、广场建设为宜。建设商务会展、酒店等建筑物时高度应严格控制在 45 米以下。尽量保持原状生态环境，合理布置周边路网，为机场及邻近地区应急提供保障。

（二）修订公共危机管理规章体系

建议民航行业政府对相关管理规则进行修订，出台以民用运输机场正常运行为核心，对公共危机管理进行统一管理的应急管理规则，将分散在其他规章中的突发事件应对管理要求统一纳入，实现统一规定、统一管理、统一指挥。将"不明升空物干扰""旅客或人员冲击机场""航空诈弹"等新型危机事件和机场除冰雪等自然灾害危机事件纳入公共危机管理范畴，对突发事件应对做到有法可依、有章可循。

建议民航行业政府将大面积航班延误应急处置要求纳入民用运输机场公共危机管理范畴，修订相关规章，明确其处置原则、责任主体和相关单位的职责。长期以来，大面积航班延误往往被单独作为运输服务事件来处置，并没有在造成大面积航班延误的其他突发事件处置过程中引起足够重视。

建议机场做好日常大面积航班延误应急人员和物资准备，将大面积航班延误应对纳入各类公共危机事件应急预案，同步演练，积累应对经验。在应对公共危机突发事件中，整合机场应急救援指挥中心、大面积航班延误应急指挥部，必要时整合机场除冰雪指挥部等指挥机构，解决同一部门分属多个指挥部、不同指挥部信息不互通的情况，统一调配机场自身及社会力量开展应对，对突发事件可能造成的大面积航班延误情况提前进行预估，同步启动处置工作，做好航空运输秩序的维护，防止旅客因航班延误引发违法行为的发生。

（三）构建新型大面积航班延误预警指标

构建新型大面积航班延误预警指标，预警值考虑了航班延误时间和航班延误人数两个因素，能够较好表征机场旅客人数聚集和旅客的心理承受能力，各民用运输机场可根据自身实际设定各等级预警值。该预警值的设定应使得能够预警延误航班数量较少，但存在长时间延误航班的情况和大量人群集聚的情况，避免因为对极端个别情况的忽略而导致诱发更大范围的群体性违法事件的发生。

（四）明确公共危机应对指挥体系

建议将机场公共危机管理纳入地区政府公共危机管理体系，严格执行相关法律法规，明确由地区政府作为应急救援领导主体，其应急管理部门加强对机场的日常监督，将其作为日常危机应对的一项重要内容。当机场发生公共危机事件时，政府要切实承担相应领导责任，尽快组建应急指挥部，统一指挥机场、空中交通管理部门、事发航空公司等民航系统内部各单位，调动航空港区等基层地方公安、消防、医疗救护等专业力量共同参与事故救援，行业政府做好相关技术支持和后续事件调查。及时调配公交、地铁、城际铁路等交通方式对旅客进行转运，妥善安置因大面积航班延误而聚集的旅客，防止群体性违法事件发生。

建议政府牵头，成立由民航系统各单位和所在地基层地方公安、武警、综合执法、基层街道等部门参与的机场运行安全管理委员会，负责对机场正常运行安全构成严重威胁事件的应对处置，对机场邻近区域实施有效管控，严防施放无人机、风筝、冲击机场等干扰机场运行的事件发生。一旦发现此类突发事件，应立即由政府启动运行安全委员会工作机制，出动相应行政执法力量配合机场管理机构快速反应，第一时间消除影响，恢复机场运行秩序。

（五）建立实战化实训实练基地

建议机场严格按照规章要求，对每一位参与公共危机应对的人员进行实战化培训，掌握相关业务知识和应对技巧。每年开展不少于一次实战单项演练，每三年开展一次实战综合演练，并按规定及时做好演练总结，不断改进和提升应急工作。

建议机场充分利用中国民航民用机场应急救护培训基地，实施医疗救护人员定期轮训，熟练掌握各项急救技能。加强对医疗救护人员的本地化培训，使其不仅能够对伤亡人员进行专业救治，也能够熟悉机场应急救护特性，熟悉机场飞行区内布局和构型，满足3分钟内对任意一点实施医疗救护的急救要求。

建议民航行业政府建立地区级应急救援综合演练实训基地，在部分多跑道机场建成一批实战实训基地，利用老旧飞机，配置专门演练设备和场地，对消防、残损航空器搬移等专业救援人员开展定期轮训，解决各机场在自行组织演练中，航空器无法进行实战灭火和破拆，演练和正常机场运行相冲突等问题。

（六）建立应对专项储备金

1. 加大专业设施设备与人员投入

建议机场利用专项储备金，加大消防、医疗、除冰雪等设施设备的配备，严格按照行业标准配齐配足满足机场消防救援和医疗救护等级的设施设备和人员，及时更新相关消防车辆，避免超期服役。配备足够数量的机场除冰雪设施设备和人员，确保机场不因冰雪灾害天气而长时间关闭。

建议机场利用专项储备金，加大技术设备研发力度，实现由"人防"向"技防"转变。在不明升空物应对中，尽快安装"低慢小"低空监视雷达，实现对机场净空保护区内的有效预警监控。同时配备无人机反制、击落设备，对干扰机场正常运行的无人机进行击落，快速消除隐患。机场可结合危机事件特点，因地制宜，自行研制和开发新型应对设备。以不明升空物干扰中"风筝"事件为例，可开发利用无人机等操控平台，将风筝线绞断，使其自然飘落，尽快恢复机场运行，防止诱发大面积航班延误。

2. 建立航班信息共享及发布机制

机场可利用专项储备金，建立信息共享平台，将空管、机场、航空公司信息实时共享，统一航班延误原因，通过短信、手机 App、机场广播等，每半个小时向旅客告知延误原因并及时向公众发布，确保公众知情权。

在社会公共媒体中加大宣传力度，梳理目前造成航班延误的原因种类并向社会普及宣传，特别是对流量控制、空域管制等公众不熟悉的延误原因及时做好普及。建议机场建立新闻发言人制度。一旦机场发生公共危机事件，机场新闻发言人要在应急指挥部的授权下，及时召开新闻发布会，统一发布渠道，统一发布内容，及时准确向社会公众通报公共危机发生情况、造成危害、危机应对处置情况等，避免自媒体对舆论的负面引导，更好赢得社会理解，创造良好舆论环境，防止社会恐慌。

第三章　航空货物运输生产计划与管理

第一节　航空货物运输生产计划

航空货物运输生产计划由以下四部分构成（谢春讯，2006）：

（1）航线计划。即按照航站规定，在空中飞行运输中完成规定任务数的计划。主要指一定时间内飞行的航班数量、共飞行时间的总和、运输量的大小、周转量、飞机性能、飞机的载运水平与空间运用程度等。

（2）航站计划。即按照航站规定，完成相应地面工作任务量的计划。主要指在一定时间内从本站输出的旅客数量和货物运输量、发送与接收运量的实际收入、客舱的使用频率以及机场出港航班载客与货物的载物量。航线上实际的运量由航站相关团队运营，一条航线上实际承载的客运、货运总量总结成为航线运量。但是一条航线不止连接两个机场，有的中转航站还同时连接几个或更多的机场，所以航线计划与航站计划起到相互促进的作用。

（3）航空运输生产综合计划。即飞机的飞行时间、飞机载客与载货的承载总量、在一定时间段内运送乘客与货物的总量、发出与收入乘客以及货物的总量与收入等。按照航站规定，参与航空运输生产全过程的输入与输出量的计划，为航展计划与航线计划提供综合反映。

（4）航班计划。即按照航站规定，准时正点地进行运输的航线、飞机型号、飞机的航班数量与航班到达的时间、飞机延误等计划。航班计划推动了航空运输生产计划的实行，为航空运输生产活动提供条件。

以上四个部分相互关联、相互促进，使计划与计划之间相互包容与和谐。

在编制航空运输生产计划前，必须了解一些基本概念。

一、航空运输量计划

航空运输量计划指在规定期间内航空运输企业利用飞机进行运输货物、运输乘客、运输快递重要文件的数量。空运企业的任务传输量与传输率是判定该企业规模的重要数据信息。运输量主要包含乘客行李的运输量、乘客的运输量、快递运输量、货物运输量。除乘客运输量之外的运输量称为货邮运输量（卢伟等，2014）。

（1）航空运输量的特点：①不用推算运输公里数。一位乘客或一公斤货物按乘坐次数计算运输量；②中途转机运输量另外计算；③乘客运输量可以折算为重量，折算系数为 75 公斤。

（2）运输量计算公式：

$$旅客运输量 = 旅客周转量（人公里）/ 旅客平均运程（公里） \tag{3-1}$$

$$货邮运输量（吨）= 货邮周转量（吨公里）/ 货邮平均运程（公里） \tag{3-2}$$

二、航空运输总周转量计划

航空运输总周转量计划指空运企业在计划时间段内进行输入或输出的总量，是运输量与运输距离计算的总核心，总体反映空运企业的载运规模以及总体标准，包含承载量与运输远近，也是国家进行空运考核的重要参考。所以，航空运输总周转量计划能够明确呈现出空运企业的总生产任务量。运输的本质不只是有运输千克数，还有客货运量的位置挪动。

总周转量计算公式：

$$周转量（吨公里）= \sum（运输量 \times 运输距离） \tag{3-3}$$

或

$$周转量（吨公里）=（运输量 \times 平均运程） \tag{3-4}$$

$$总周转量 = 旅客周转量 + 货邮周转量 \tag{3-5}$$

$$旅客周转量（人公里）= \big[旅客运输量（人）\times 旅客运输距离（公里）\big] \tag{3-6}$$

或

$$旅客周转量（吨公里）= \big[旅客运输量（人）\times 旅客运输距离（公里）\big] \times 0.075 \tag{3-7}$$

货邮周转量（吨公里）$=\sum$ 货邮运输量（吨）× 货邮运输距离（公里）

$$(3-8)$$

航空运输总周转量是空运企业的产量标准，对其他标准产生巨大作用。由总周转量可以看出，完成该计划所需要的总数据：需要出多少飞机、经过多长时间、需要多少后勤人员、在飞行中需要多少机油、建材以及飞机的维修耗损等。所以，航空运输总周转量是衡量空运企业的核心标准。

三、航线载运比率

航线载运比率指在规定计划期间飞机在飞行过程中的最大载运量与空间运用程度，是航空运输生产质量与产生效益的根本标准。

载运比率是将飞机型号与飞机航线信息分开计算，最大载运能力是飞机在飞行过程中能够实现的最大周转量。

航线载运比率的计算公式：

航线载运比率（%）＝某机型计划运输总周转量 / 某机型最大运输总周转量

$$×100\% \qquad (3-9)$$

四、航班飞行正常率

航班飞行正常率：依据制定的时间表规定飞行次数以及实际飞行次数的比值。计算公式为：

航班飞行正常率＝实际飞行班次 / 按班期时刻表规定的飞行班次总数

$$×100\% \qquad (3-10)$$

五、飞机生产率

飞机生产率，又称飞机小时生产率，指某一型号的飞机在每小时飞行时完成的周转量，是飞机的总体性能与输入或输出货物取得效益的重要参考指标。计算公式为：

飞机生产率＝总周转量（吨公里）/ 飞行小时（小时） $\qquad (3-11)$

或

飞机生产率＝某型飞机业务载重（吨）× 该型飞机航速（公里 / 小时） $\qquad (3-12)$

影响飞机生产率的主要原因是飞机飞行的速度和赚取利润的商业载荷，其根本原因是飞机功能和企业营管水平。

大型飞机的生产多于中小型飞机的生产，相对成本较高。考量经济效益的标准是载运比率，飞机生产率只是衡量经济效益指标之一。

第二节　航空货物运输的航线网络布局

一、航空货物运输中的名词解释

（一）领空

领空指在有本国权利国家的陆地、海洋上方的大气空间，是一个国家领土不可分割的组成部分。《中华人民共和国民用航空法》对领空作出规定："中华人民共和国的领陆和领水之上的空域为中华人民共和国领空。中华人民共和国对领空享有完全的排他的主权。"《国际民用航空公约》规定，每一国家对其领土之上的空气空间域具有完全的和排他的主权。

一个国家的领陆通常以陆地上的标志性边界或以自然障碍为界，领水领海则以国际公认的离岸距离为界，以此作为界定领陆或领水的疆界。由于地球是一个球体，包围在地球上的空气空间是一个比地球更大的球体。根据国际公认法则，领空是从地心向领陆和领水疆界所做射线与大气层所包围的球体锥型空气空间。大气层之上的外层空间目前属于自由空间（苑春林，2018）。

（二）空域

空域通常指大气层以下的空气空间，是民航运输的活动范围。对于一个国家领空范围内的空域，国家对空域实行统一管理。由于空域是国家资源，因此，应当得到合理、充分和有效的利用。

空域是与国家领土、领海同等重要的重要资源，可以无限使用、不涉及可循环利用资源，科研飞行、军事演习、防空活动等都会运用到空域。我国领空的可利用空域十分辽阔，空域资源异常丰富。

关于我国空域的分类和使用，国务院、中央军事委员会及中国民用航空局先后颁布了相应的规定和规划，以加强对空域的规范利用和科学管理。

根据机场内部结构、飞机即将经过路径、出行的实际性质、航线的规划和空中交通的限制，空域分为飞行情报区、管制区、限制区、危险区、禁区、航路、固定航线等类型。

飞行情报区指为飞机提供相应的飞行信息以及数据、提供领空警报在规定范围内进行服务的区域。为了提高我国领空的交通管理能力，民航组织为我国空域划分出以下重要情报区：①东北地区：沈阳飞行情报区；②华北地区：北京飞行情报区；③华东地区：上海飞行情报区、台北飞行情报区；④中南地区：武汉飞行情报区、广州飞行情报区、香港飞行情报区、三亚飞行情报区；⑤西南地区：昆明飞行情报区；⑥西北地区：兰州飞行情报区、乌鲁木齐飞行情报区。

为了对航空器飞行提供有效的空中管制服务，根据空域内的航路结构、通信、民航、气象和监视能力等因素，我国将管制空域划分成 A、B、C、D 四类。A 类空域为高空管制空域，我国境内为 6600 米（含）以上空间；B 类空域为中低空管制空域，我国境内为 6600 米（不含）以下、最低高度层以上的空间；C 类空域为中低空管制空域，其垂直范围通常在 6000 米（含）以下、最低高度层以上；D 类空域为塔台管制空域，通常包括起落航线、第一等待高度层（含）及其以下地球表面以上的空间和机场区。危险区、限制区和禁区是指根据需要经过国家空域管理局批准划设的特殊空域。

（三）航空权

航空权指国际航空运输中的过境权和运输行为权，也称为国际航空运输行为或航空自由权。航空权是一个国家的重要飞行权利，必须予以保护。在国际航空运输中交换这些权益时，一般采用互惠原则。有时，一方可能会提出更高的交换条件或收取一定的补偿费用，用于充分保护国内航空公司的权益，比如航线经过权、领空飞入与飞出权。

（四）航路

在交通运输领域中，任何类型的交通工具的移动都必须遵循预定路径。汽车运输需要公路，火车需要铺设铁轨，船舶需要开辟水路，飞机需要空中联系。航路是国家统一划定的、配备有通信、导航设施，引导航空器沿一定高度、宽度和方向安全飞行的空域。确定航线的目的，一是为民航飞行提供稳定的飞行路径，维护空中交通系统，保障飞行安全；二是加强空中交通指挥管理，增加空间利用。根据民航有关规定，航线和固定航线应当设置必要的观测导航设备，航线沿线和固定航线应当设置备降机场。备降机场应当具备必要的设备、通信手段、良好的航行和天气预测。

我国的航路宽度为 20 千米，其中心线两侧各为 10 千米。根据规定，当航路的某一段受到地理空间障碍或通信导航等条件限制时，可以减少宽度，但不得小于8千米。在我国境内空域飞行的任何民航航班飞机，都必须遵照此规定飞行，不得偏离航路。按照我国空域管理规则，通过对高度层的动态调配，可以及时协调统一航路上航空器之间的上下空间飞行间隔，在保障飞行安全的前提下，提高空域和航路利用效率。

（五）航线

在获得经营许可证后，从事民用航空运输领域的航空公司可以在一系列经批准的站点（城市）之间提供客货邮服务。这些站点形成的路线被称为航线。换句话说，航线指航行路线在地面上的投影，飞机从地球表面的一个点到另一个点的预定飞行，称为空中交通线路，指明飞机飞行的确切方向、起点和终点，还包括各类周转点，如广东—北京—哈尔滨航线、北京—英国航线等。

按照规定，航路某段在受到地理空间障碍物或通信导航条件限制时，可以缩小宽度，但不得小于8千米并且定位代号J。任何在我国领空飞行的民航飞机都必须遵守这一规定，不得偏离航线。通过高度的动态调配，可以及时协调和规范航线上飞机上下空飞行的间隔，提高空域效率。

航线与航路不同。航线确认行程及接驳城市或航行方向。虽然飞行路线必然与航路有关，但飞行路线并不关注实际空间位置。比如北京—纽约航线的开通向市场传递了一个信息，即可以提供北京与纽约之间的客货航班，并可以协商提供相关的航空运输服务。相关机构要确定从北京飞往纽约，以及特定的空运应该走的路线，可能是沿着北太平洋沿岸，也可能是穿越北极的极地路线。航路的确定必须由航空公司空中交通管制和航空部门协商。飞行路径不仅决定飞机行进的具体方向、起止点和停靠点，还根据空中交通管制的要求，确定路径宽度和飞行高度，以维护空中交通系统，保障飞行过程的有序顺利进行。

航空公司经营航线，必须经申请并得到民航局批准后才能提供具体的航班服务。因此，航线是航空公司获准授权经营航空运输业务的空间，是航空公司获准经营客货运输业务的市场范围，是航空公司赖以生存的必要条件。所以，对航空公司而言，经营的航线优劣与多少，对其发展至关重要。

航班航线按照行政区域空间分布，通常分为国际航线、国内航线和区间航线。

1．国际航线

国际航线指运输的始发地、经停地或目的地之间不在同一国家领土主权行政

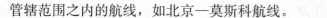

管辖范围之内的航线，如北京—莫斯科航线。

2．国内航线

国内航线指运输的始发地、经停地、目的地在同一国家领土主权行政管辖范围内的航线。根据政治、经济、文化情况和道路拥堵情况，内部道路分为主要道路、支线航线、点对点航线。

（1）主要道路。一般指往返于大中城市之间的航线，客货量大，飞行强度大。我国主要航线主要指首都北京与全国各省会城市和主要城市之间，以及省会城市与主要城市之间的航线，形成省会与主要城市之间的空中大动脉，如北京—上海、上海—南京、青岛—深圳等。

（2）支线航线。是相对于干线航线而言的一种概念，通常指通至省会以下城市的航线，航线客货流量相对较小，航班密度较低，通常采用100座以下的小型飞机。相当一部分支线连至枢纽机场，形成中枢辐射型航线网络，为大型机场的干线航班提供客货集散作用如上海—黄山、昆明—丽江等。

（3）点对点航线。是指确定一个起飞点，然后在中途不停留，直达指定的降落地点的航线如丽江—西双版纳、南京—连云港。

一般情况下，航线安排以大城市为中心，在大城市之间建立干线航线，同时辅以支线航线，由大城市辐射至周围小城市。

3．区间航线

按照民航管理体制下的行业管理区域划分，七大民航地区管理区之间的航线称为区间航线。区间航线又可分为区际航线和区间航线。

（1）区际航线。区际航线指民航运输的始发地、经停地和目的地在两个或两个以上民航地区管理局之间的航线。对于跨地区航班，必须由当地部门的空运管理部门进行协商。

（2）区间航线。区间航线指民航运输的起点、中途经停地和终点在民航属地管理的同一区域内的航线。

中国民用航空局七大地区管理局及其管辖范围如下：

华北地区管理局：北京、天津、山西、内蒙古、河北。

东北地区管理局：黑龙江、吉林、辽宁。

中南地区管理局：湖南、湖北、河南、广西、广东、海南。

华东地区管理局：上海、浙江、山东、江苏、江西、福建、安徽。

西南地区管理局：云南、四川、重庆、贵州、西藏。

西北地区管理局：陕西、宁夏、甘肃、青海。

新疆管理局：新疆。

（六）航段

飞机的航行路线至少由两个城市组成，部分航线在起点城市、终点城市之间也有停靠站。航线上两个相邻城市之间行程的一部分成为航段。航空航段又分为客运航段和飞行航段。

客运航段通常指构成旅客航程的航段。例如，在上海—北京—旧金山航线上，有三种可能的旅客航程：上海—北京、上海—旧金山和北京—旧金山。飞行航段则是指航班飞机实际飞经的航段。例如，在上海—北京—旧金山航线上，飞行航段为上海—北京和北京—旧金山两段。

图 3-1（苑春林，2018）所示为旅客航段的组合方式。假设由 n 个城市组成的航线，单向旅客航段数 N 为这 n 个城市中任意选择两个的单向组合数量：

$$N = C_n^2$$

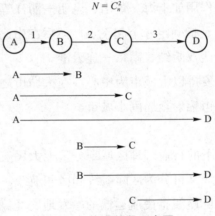

图 3-1 旅客航段示意图

（七）航季

根据国际习惯，航班计划顺应季节变化，分为夏秋与冬春两个轨迹。夏秋轨迹是当年 3 月的最后一个星期日开始至 10 月最后一个星期六的最后一班飞机；冬春航班是当年 10 月最后一个星期日到下一年 3 月的最后一个星期六的最后一班飞机开始实行。每个航季的航班计划执行半年，如需调整航班计划或新航线（不含增加或取消航班），则需提取申报，获准后通常在下一航季执行。

（八）航班

航班是指民航运输企业按照规定的航线、班期和起降时刻所提供的航空运输飞行业务。

（1）航班类型。航班类型分为定期航班与不定期航班。凡是有固定航线、固定班期和航班时刻的航班服务，称为定期航班，否则为不定期航班。

在运输繁忙时刻，根据运输需要，在按规定运行的定期航班上的飞机数量额外增加的临时航班，叫作加班航班。

（2）航班号组成规则。航班采用具有编排规则的航班号表示具体的飞行班次。航班号由两个字母的航空公司二字代码加最多四位数字组成，见表3-1。

航空公司二字码又称航空公司代码，是航空公司的唯一标识码，两个英文字母或字母与阿拉伯数字组成，用于航空公司订座、航班时刻表、票据凭证和结算等过程。如 CA、MU 和 CZ 分别代表中国国际航空公司、中国东方航空公司和中国南方航空公司。国际民用航空组织对航空公司采用三字码标识。航班号的后四位数字用于标识航班序号，国内飞行航班号基本组成规则见表3-1。

表 3-1　航班号组成规则

第一位	第二位	第三位	第四位	第五位	第六位
航空公司二字码		执飞航空公司所在地区代码	执行航班终点站所在地区代码	具体航班序号 去程航班用单数 回程航班用双数	

二、航线基本结构

民航运输连接着各个城市，乘客出行或货物运送在起点与重点之间产生的O-D流，影响明航运输公司的航线构成。航线有以下三种基本构型：

1. 城市对结构

城市对结构的航线是直达路线，也称为"点对点"路线，如图3-2（苑春林，2018）所示。该航线网络中的航线为直达航线，旅客无须经过第三个机场。城市结构的道路通常用于具有大量客货运量的城市对城市。其特点是直航不经停，飞行时间较短，周转速度快，机组资源配置简单，运营成本较低，在商务旅客中尤其受欢迎。

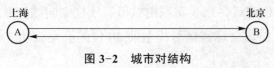

图 3-2　城市对结构

2．线性结构

线性结构也称为城市串联路径或编织路径，如图3-3（苑春林，2018）所示，表示飞机在从起点到终点的途中，经过一站或多站逗留后，返程航班按原路线返回。采用这种有组织的路线，主要原因是直达路线没有足够的乘客和货物，需要通过中途机场经停弥补始末机场之间旅客资源的不足，以此降低平均飞行成本。

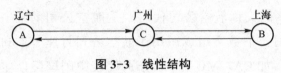

图3-3　线性结构

3．环形结构

环形航线结构与线性航线结构类似，航线之间有经停点，但不同之处是环形航线结构来回程不是同一航线，如图3-4（苑春林，2018）所示。

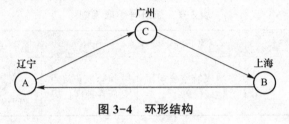

图3-4　环形结构

与直达城市到城市的航线相比，无论是直线结构还是环形结构，由于中间停靠点的增加，对于航空公司来说，可以提高航班上座率和航班收入，但对于旅客来说，增加了飞行时间，又由于中途停留次数增多，飞机起降次数增加，会减少航班的相对收益。

线性结构或环形结构航线，通常是在干线上缺少竞争力的航空公司采用较多，或用于远程航线。

三、中枢辐射型航线网络

在主要航线或长途航线上缺乏竞争力的航空公司，通常采用线性航线或环形航线。中枢辐射型结构是全球航空运营发展的一大方向。世界航空先进国家大多实施中枢辐射型结构建设，逐步实现由城市航线规划向城控航线向枢纽航线和支线网络的转变。目前，全球客运量排名前20位的航空公司主要实现了中枢辐射型航线网络的运营。

（一）中枢辐射型航线基本结构

中枢航线结构是一种不同于"点对点"的路线规划模式，如图3-5（苑春林，2018）所示。具体来说，客流量较小的城市不直接通航，而是分别将旅客运送到枢纽机场，通过枢纽机场进行空中交通和客运，实现空中交通互通。中枢航线结构要求大型枢纽机场周边建立辐射轨道网络，主要航班和大型机型密度高，进港航班优先降落，简化运输和信息手续。建立中枢航线结构有利于提高航机利用率，有助于提高中心机场的运行效率，对振兴区域经济活力具有重要作用。

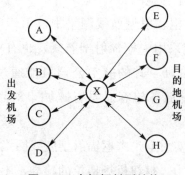

图3-5　中枢辐射型结构

（二）构建中枢辐射机场的基本要素

（1）突出的区位优势。枢纽机场在区域的政治、社会、经济和交通等领域具有突出的中心地位，处于中枢辐射型结构航线网络的中心节点，在区域性旅客和货物航空运输中具有突出的中转和集散优势。例如，北京首都国际机场、广东白云国际机场、上海浦东国际机场及新疆乌鲁木齐国际机场，作为我国连接国际的空中门户具有显著的区位优势。它们所在的城市都是区域性政治、经济和交通中心，其区域性中心地位十分明显。

（2）大型基地航空公司支持。枢纽机场必须依靠大型基地航空公司或航空公司联盟的航线支持，只有通过基地航空公司或航空公司联盟，才能构建以枢纽机场为中心的航线网络，才能构建便于有效衔接的中转航线和安排高频次的航班，才能构建合理的航班波，才能真正发挥枢纽机场的中枢辐射和大批量客货中转作用。

（3）便捷的地面保障服务。枢纽机场必须具备足够的地面保障能力，能够满足高峰小时内大量中转航班、旅客和行李的转运服务需求，包括先进的基础设施设备和一流的现场运行保障与服务保障体系。

（4）有效的政策与发展环境。稳定的社会政治和开放的市场环境，是构建和实施中枢辐射性航线网络战略的重要保障。宽松有序而稳定的航空运输市场，不仅有利于航空运输市场本身的发展，而且有利于航线网络的发展和枢纽机场的保障能力建设。

（5）配套的地面快捷运输系统。作为区域航空运输中心的枢纽机场，每天的进出港客货流量大，需要有配套的地面快捷运输系统，为枢纽机场提供便捷的集散服务，如穿梭于城市与机场之间的轻轨和地铁、城市道路交通运输系统，都便于机场客货的快速便捷汇集与疏散。

显而易见的是，在中枢辐射型航线网络中，由于中转而增加了旅途时间。因此，在某些区域，即使采用中枢辐射型航线，也有可能在某些城市之间由于运输量较大而开通直飞航班。有的航空公司可能通过直飞与这种中枢结构航线竞争，因为旅客特别是商务旅客总是青睐城市对直飞航线，以免受中转的麻烦。

综上分析，枢纽机场实质上是中枢辐射型航线网络的运输与服务中心，具有最强的区域性中转服务能力。枢纽机场地位的建立，不仅需要机场具有完备的中转服务保障能力，更需要基地航空公司的航线网络支持。枢纽机场不仅是区域航空运输的枢纽中心，也是区域的经济中心和综合运输中心。因此，实施中枢辐射型航线网络战略不仅需要枢纽机场和基地航空公司的共同打造，更需要地方政府的支持和协调，共同构建中枢辐射型航线网络服务体系。

四、枢纽航线网络

枢纽航线网络构型与枢纽机场的区域地位、基地航空公司规模及其经营战略密切相关。

（一）"单中心"枢纽航线网络

"单中心"中枢辐射性网络是枢纽航线结构的最基本构型，其航线主要以单个枢纽机场为中心向周边区域辐射。在这种结构中，主要以基地航空公司为主体提供区域性中转航班服务，基地航空公司在该地区的航空运输市场中，具有一定的区域性优势地位。例如，乌鲁木齐机场在我国西北疆域地区具有明显的区位优势，周边十几个机场构成了以乌鲁木齐机场为中转枢纽中心的辐射型航线网络，为我国广阔的西北地区提供区域性航空服务。同时，通过乌鲁木齐机场连接东部主要城市和西亚地区，形成跨区域的航线网络。云南和四川地区构成了以昆明机场和成都机场为区域性枢纽机场的"单中心"式中枢辐射型航线网络。由于区位优势，乌鲁木齐机场是我国通往西亚和欧洲的重要门户机场之一。

（二）"多中心"枢纽航线网络

2020年，我国民航局进行体制改革，对9家直属公司进行联合重组，分别组建了中国航空集团公司、中国东方航空集团公司和中国南方航空集团公司。根据这三大集团骨干成员公司的地理分布，这三大集团公司各自依靠自身的航线，就完全能够构建以骨干成员公司基地机场为区域枢纽的多中心枢纽航线网络，覆盖我国境内主要的经济发达城市和地区。例如，南方航空集团由广州—沈阳—乌鲁木齐三大基地构成的多中心枢纽航线网络，覆盖我国南方、东北和西北的广大地区。

（三）复合型枢纽航线网络

北京、上海和广州地处我国政治、经济、贸易、金融和交通最发达的地区，是我国三大航空集团公司的基地机场所在地，航线网络遍布全球。三大机场不仅是区域枢纽中心，担负着我国33%和61%的航空旅客和行李货物运输，而且是我国通向国际的主要门户，通航国家和城市占我国通航国家和城市总数的87%和83%，是我国国内航线与国际航线衔接的重要枢纽和航空客货集散中心，构成一种典型的复合型枢纽航线网络。

（四）航班波与优化

枢纽航线网络的一个重要特征，就是航空公司为枢纽机场的中转航班衔接而设计的航班波。航班波是机场在进出航班管理上的一个概念，是为了在时间上把进港和出港航班有效地衔接起来而有意识地把枢纽机场的进港航班与出港航班相对分开，在某个时段相对集中地安排进港航班，在另一个时段相对集中地安排出港航班。航班波可分为国际转国际、国际转国内（国内转国际）和国内转国内三种类型。航班波优化可以提高枢纽机场不同时段进出航班之间的衔接性，从而给旅客带来更多的中转选择。国际上，一些大型枢纽机场都经历了构建航班波并不断优化使之趋于合理的过程，如德国法兰克福国际机场、美国亚特兰大国际机场等。

航班波优化的效益是显而易见的，通过提高枢纽机场进出航班之间的衔接性可以提高旅客中转效率，减少中转等待时间；同时，也可以提高航空公司的运营效率和利润，减少航班延误。研究适用于我国枢纽机场的航班波优化方法，可以提升我国枢纽机场在国际航空运输系统中的地位，为提高航空运输效率、吸引国际商机、带动旅游等相关产业的发展发挥重要的作用。

航班波的优化往往要在枢纽机场现有航班时刻安排的基础上进行调整，优化时可以以一天为一个周期。航班波优化一般分三个步骤进行：

（1）计算航班波特征参数。枢纽机场跑道容量、航班起降架次、旅客处理能力及机场中转能力等是航班波优化需要重点考虑的因素，根据这些因素可以计算出航班波的特征参数：航班波的密度、航班波的幅度、航班波的波长和最短中转时间。航班波的密度指一天中航班波的数量，由机场可利用航班时刻数量决定，机场的可利用航班时刻数量越多，航班波的密度越大；但航班波密度同时受到机场中转能力的限制，机场中转能力以最短中转时间为表征，机场的最短中转时间越长，航班波的密度越小。航班波的幅度是指一个进港或出港航班波中的航班数量，航班波的波长是指一个进港或出港航班波的持续时间。掌握这些参数是设计航班波的基础，直接影响到航班波的品质和技术参数。

（2）航班波分布时段优化。分析现有航班时刻中进出港集中时段的分布与特点，应着重考虑进港航班波与出港航班波的衔接状况。优化时可以先固定某一航班波的时间段，反推与之衔接的相应航班波的时间段，确保合适的最短中转时间，从而合理安排航班波内最后一个进港航班和最早一个出港航班。最短中转时间缩短意味着枢纽机场旅客中转能力的提升，但要为旅客中转时可能的各种需要而留出一定的准备时间，以应对可能出现的各种状况；最短中转时间过长，则会导致部分旅客在机场等待转机的时间过长。在选择航班波分布时段时，要考虑航班波的密度、幅度、波长和最短中转时间等因素的限制。

（3）航班时刻调整。航班时刻的调整主要依据航班波的分布，通过对时刻池内航班的调整来确定波内航班与波外航班以及这些航班在波内和波外的时刻分布。在对航班时刻进行调整前，应先确定时刻保持不变的航班类型，包括客座率较高已受到旅客认可的航班、航线另一端机场时刻资源极为紧张的航班等。航班波内的航班数量在调整后不应超过航班波的最大波幅。

五、蛛网式航线网络

蜘蛛网轨迹网络指具有蜘蛛网形状的轨迹网模型，如图 3-6（苑春林，2018）所示。在这种路由网络架构中，中心节点的一个或多个机场通常有许多由机场和道路组成的外环，这些外环上的机场节点通过纵向路径与中心节点的机场相连。

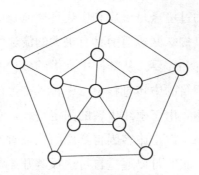

图 3-6　蛛网式航线网络

航空公司网络结构对航空业的竞争格局具有决定性影响。美国西南航空公司作为一家知名的低成本航空公司，连续 30 多年盈利，创造了航空业的传奇。与美国其他知名航空公司认可的枢纽航线网络结构不同，美国西南航空公司的航线网络结构为蛛网式结构，这种结构已经被美国西南航空公司的实践所证明。蛛网式结构与其他航线结构有所差异，具有以下特点。

（1）保守稳健的航线确定和调整政策。美国西南航空公司的稳定的航线扩张政策正是形成蛛网式航线网络结构的重要成因之一。美国西南航空公司通过对新航线城市的周边 100 英里[①]（约 160.9 千米）范围内的人口分布情况的分析，来规避繁忙机场，避开已被垄断的和过于激烈竞争的航线，有针对性地开通航线，增减航班频率。在随后的两年内，根据美国西南航空公司每年的收益前 100/200 航线排名对新航线进行经营策略的调整。正是由于这种保守稳健的航线政策，美国西南航空公司保持了不断的网络扩张和稳定的收益增长。

（2）维持整个网络的焦点城市和小于 30% 的互通率。枢纽网络包含枢纽机场城市和非枢纽机场城市，枢纽机场的作用和繁忙程度远远大于非枢纽机场。而在蛛网式航线网络中，美国西南航空公司把所有的服务城市都统称为焦点城市，所有的焦点城市在蛛网中享受相对平等的服务。即使是非常重要的焦点城市，其互通率一般也不超过 30%。

（3）大量的中短途直达路线和各种线路的分流和链接的中转站。西南航空公司有 80% 的客源为直航旅客。公司的主要目标客户是对出行时间高度敏感的中

①1 英里 = 1609.344 米。

短途旅客。公司的主要竞争对手包括其他枢纽航空公司和其他地面运输，包含陆路运输与水路运输等。因此，大量的中短途直达路线是蜘蛛网结构的一个关键特征。美国西南航空公司的过境点是短途和中途直达航线的组合。与枢纽式轨道网络的固定结构方式相比，蜘蛛网轨道网具有更大的流通性和独立性。在蛛网内运输时，旅客可以根据喜好和需要，从蛛网中提供的多种路线连接组合中进行自主选择。而在枢纽式航线网络的中转过程中，中转具有生产性，旅客必须遵循联程运票的固定路线进行运输。由于枢纽中转的固定路线，乘客中转时常出现较大的时间延误。旅客额外运输延误指旅客因自身原因或临时发生事情而耗费的所需时间。在蜘蛛网内运输时，旅客可以通过自行选择避开经常延误的繁忙机场路线，从而减少飞行的延误，确保旅行有效顺利。

（4）巴士式的准点航班。巴士式就是指航班具有像巴士一样的高频率、班次平均分布的特点，它是保障蛛网式航线网络顺利运行的必要条件。高频率的航班利用的是一种密度经济的概念。枢纽式航线网络结构顺利运行的必要条件是在枢纽机场的航班波。航班波时段是整个机场负荷的峰值时段，资源被高度使用，而在航班波间隙时段，机场又处于一个相对非常空闲的运转状态，大量资源被闲置。蛛网式航线网络中均衡的航班频率，可以大大减缓峰值时段对机场的压力，使资源的使用较为平均，运行的安全系数相对较高。

第三节　航空货物运输的航班计划与管理

航班计划看上去是一个航空公司的航线运输飞行计划（表）或航班时刻表，而实际上，一方面，它涉及国家关于民航运输市场准入和市场管理政策，涉及航空公司、民航管理当局、机场、空管、军方等多个部门的合作与协调，是航空公司综合实力运用和实施市场发展战略能力的全面表现，是航空公司准备投向航空运输市场的具体产品，是航空公司市场营销的重要内容之一。另一方面，航班计划也是民航管理当局与民航企业组织运输的提供保障服务的行为依据。

一、航线与航班的管理

根据《中华人民共和国民用航空法》规定，我国民航运输航线和航班实行政府统一管理。我国公共航空运输企业申请经营定期航班运输的航线，暂停或终止经营航线，应当报国务院民用航空主管部门批准。

2006 年 1 月 16 日，《中国民用航空国内航线经营许可规定》颁布实施。根据该规定，我国政府对公共航空运输企业（即持有民航局颁发的"公共航空运输企业经营许可证"的航空公司）从事国内旅客、行李、货物、邮件的民用航空运输实行航线经营许可制，民航局和民航地区管理局根据空运企业经营国内客、货航线的申请，分别采取核准和登记方式进行管理。民航局负责对区际航线实施经营许可的核准、登记管理，并对全国国内航线经营进行监督和管理。民航地区管理局负责对其所辖区域内航线实施经营许可的核准、登记管理，并对涉及其辖区内所有航线经营进行监督和管理。

中国民航局和民航地区管理局分别设立国内航线经营许可评审委员会。中国民航局国内航线经营许可评审委员会负责划分核准、登记的航线经营许可管理范围，制定每航季航线经营许可评审规则，负责每年度两次区际航线经营换季申请的集中评审工作，审议决定国内航线航班经营许可管理中的其他重大事项。民航地区管理局国内航线经营许可评审委员会根据中国民航局评审委员会制定的航线经营许可评审规则，制定适合区内特点的评审规定，划分区内核准、登记的航线航班经营许可管理范围，负责每年度两次区内航线经营换季申请的集中评审工作，审议决定区内航线航班经营许可管理中的其他重大事项。

申请国内航线经营许可，应当具备下列基本条件：

（1）根据中华人民共和国法律设立的公共航空运输企业。

（2）符合中国民航局安全管理的有关规定。

（3）符合航班正常、服务质量管理的有关规定。

（4）符合国家航空运输发展的宏观调控政策。

（5）符合法律、行政法规和中国民航局规章规定的其他条件。

空运企业从事国内航线经营，还应当按照相关规定经过补充安全运行合格审定；补充安全运行合格审定结论为不合格的，其相应的国内航线经营权丧失。

二、航班计划

从航空公司的角度来说，民用航空运输生产可以分成五大过程，按流程时间顺序排列，如图 3-7（苑春林，2018）所示。

图 3-7 民用航空运输生产流程

（1）航班计划：航空公司的产品主要就是航班计划。制订航班计划主要是确定航班起始／终点、时间、航班频率、机型。

（2）市场营销：把已经编排好的航班计划通过订座系统进行销售。由于航班产品的"易腐"特点，应该在航班起飞前尽可能地把座位销售出去，航班起飞后，产品的边际效益即为零。

（3）旅客乘机：包括在机场办理登机安检等。在航班不正常时，这个过程非常复杂和困难，因为可能有大量的旅客要安排，要提供转机、退票等服务。

（4）飞行运输：这是航空产品的主要生产阶段。此阶段的工作非常多：飞机维护、气象、航行情报、飞行计划、签派、货物装载、加油、机供品和餐食等。

（5）旅客离港：旅客到达目的地，取出行李。航空公司完成旅客购买的航空产品的生产与交付。

（一）航班计划的概念

航班计划是航空公司在调查和研究的基础上，综合各方面因素，对已飞行航线以及计划飞行的航线做出的相关投入的系统计划和安排。航班计划的最终成果是以航班时刻表呈现的，即航班时刻表。

（1）航班计划对于航空公司而言，具有重要的战略意义：航班计划是航空公司业务开展的根本。航空公司的核心业务即完成旅客的输送，从而实现自身的经济目标。但是当今的航空业迅速发展，航空公司的数量不断增加，因而竞争也在不断地加强。为了保证自己公司的航空业务正常有序地开展，航空公司不得不为自身获取更多的市场份额，市场份额的获得必须依靠旅客对航空公司的选择而取得，而航空公司的航班时刻表就是旅客选择的主要依据，所以说，航班计划是航空公司业务开展的根本。

（2）航班计划是航空公司长远发展战略决策的依据。航空公司想要在航空业取得长远的发展，就必须合理地安排自己的航班。如果航班安排不当，对企业的长远发展不利，也容易使企业处于不稳定的状态，直接影响企业的经济效益，就更不用说盈利了。所以，航班计划是一个有关航空公司长远发展的一个战略性的决策。

（3）航班计划直接关系着航空公司经济效益的提高。航空公司经营的目标就是盈利，而航空公司的经济效益绝大部分就是来自在完成旅客运输之后取得的票价收入，因此，航空公司想要取得更高的经济效益，就不得不想方设法吸引更多的旅客选择自己公司的航班，而旅客选择航空公司的根据就是各个航空公司对外公布的航班时刻表，航班时刻表就是航班计划的最终产物，因此，航班计划方案的实施直接影响着航空公司经济效益的产生。

航班计划的基本内容主要包括航空公司二字码（或三字码）、航班号、飞行航线及起降时刻、班期、机型。

（二）航班计划的执行过程

由上文可知，航班计划是航空公司运行的源头。广义的航班计划包括了航空公司的机队规划、航线网络、中长期航班计划、短期计划、飞机计划（与飞机维修计划有关）、机组计划等内部资源计划。狭义的航班计划就是按照国际航空运输协会标准，航空公司以季为周期制订并公布的航班计划（苑春林，2018）。一年分夏秋季（3月至10月）和冬春季（10月至次年3月）二季。航空公司也制订连续几个季度的航班计划并在全球分销系统上销售。

以某一航空公司为例，来说明航班计划的制订和执行过程。

（1）首先航班计划制订部门依据市场需求、机队规模、飞机维修的要求、机组可飞行的时间、机场时刻资源、财务盈利要求等限制条件，在上一季计划的基础上，综合考虑上述条件，调整本公司航线网络结构，再编排出本季航班计划。此计划经过和机场协调及报经民航管理当局批准后对内外发布，作为航班生产依据。

（2）销售部门将此计划输入到全球分销系统（GDS）中，销售代理人就可销售机票了。在销售过程中，计划部门还会根据市场情况调整计划。

（3）航空公司内部根据航班计划，编排其他计划：如机组部门编排机组计划，合理安排机组资源及机组人员的飞行时间、休假时间、培训时间。地面保障部门编排后勤保障计划，包括车辆、物资、食品；维修部门编排飞机维修计划，以保障飞机适航并使飞机停场维修时间避开市场旺季时间；运行控制部门向空中交通管制部门申报计划，申请航路。

（4）准备工作完成后，当某一航班在某一天运行时，运行控制部门还要向机组提供气象信息、航行情报、航路信息；地面服务部门为旅客办理值机，引导旅客登机；地面保障部门（包括机场）为飞机加油、加水；货运部门装载行李和货物；机务维护部门为飞机做航前检查。当所有这些工作完成后，运行控制部门决定航班放行并在空中交通管制的指令下飞行。

（5）上述过程从时间节点上看可分为年、季、周、日。年度是满足公司运行的财务要求，即公司发展速度，主要体现在飞机增长，人力资源、资金资源限制，即机队规模和盈利能力。机队规模和与之相适应的人力资源（主要是飞行人员），是编排航线网络和航班计划的基本。季度就是编排航班计划，航空业其他相关业务，如机场、ATC 都以季度为时间单位，因此，在协调时刻资源时，时间长度单位全世界是统一的。

每周有周计划，因为国内民航 ATC 要求航空公司每周报告周航班运行计划，航空公司是将季计划拆分成周计划报告 ATC，并以此编排机组计划、飞机排班计划、地面保障计划。

日计划来源于周计划，航空公司每日也要报日计划，这是最稳定（非特殊因素不会再做调整）和最详细的航班计划。每日航班生产过程严格按照日计划完成。但日计划有一个特例，当航班不正常时，调整的时间跨度可能长达三天。这是因为国际航班运行时间长，再加上时差和调整要有一定的时间期，所以，一般运行控制部门对三天内的航班运行有最终决定权。

（三）航班计划产品的特性

（1）产品的不确定性。航班计划既是航空公司运行的基础，又是航空公司产品的实体。旅客购买的是乘坐航班计划表上某一确定日期和时刻的一个或几个座位，从起始地飞往目的地的权利。显然，旅客在购买的时候，产品只是在计划阶段，并未生产出来，或认为已生产了一部分：航空公司已经获得有关航空管理当局和单位的许可，可以在确定的时间完成产品的生产。在销售产品时，航空公司获取的销售收入还不是最终收入。待航班运行结束，实际登机的人数乘以票价才是最终收入。

（2）产品的时限性。在销售阶段，航空产品应被视作半成品，应尽量推销出去，一旦航班起飞，空位的收益为零。因此，航空产品也被认为是"易腐"产品，即一旦投入生产，未销售的产品不产生任何效益。所以市场需求对航空产品来说非常关键。

（3）产品的复杂性。航空运输受气象等很多外界条件影响，往往不能按计划完成生产。如航班不准时，调换飞机影响座位舒适性等。引起缺陷的原因第一是公司计划，第二是天气，第三是流量控制。

公司计划主要是因为市场需求不足，某个航班的旅客太少，航班边际贡献为负，航班收入不能弥补变动成本，因此将航班取消。航班取消之后，旅客只能安排到其他航班。因此对客户来说，航空公司没有交付他预定的产品，构成违约。

对航空公司来说，即使违约，赔偿很少的金额，可能也比不取消航班经济合算。这是由航空产品设计及生产过程的复杂性决定的。

航空产品设计时很难准确预测市场需求，一旦设计完成并获管理当局和相关单位（主要是机场）批准，就很难改变。而产品不好，销售不出去，从经济角度应该取消产品生产。但公司的商誉、旅客满意度也会损失，因此，对编排航班计划要求很高。

（四）航班计划的流程

航班计划可以分为广义和狭义航班计划。

广义航班计划指和航空生产活动相关的一系列生产计划，包括狭义航班计划、飞机指派、飞机维护计划、机组排班等计划。

狭义航班计划指市场分析与预测、市场份额、航班频率、班期、航班时刻以及为定期航班优化配置机型等，是较长期的一种计划，通常所说的航班计划仅指狭义航班计划。

航空公司航班计划流程具体见图3-8（苑春林，2018）。

图3-8　航空公司航班计划流程图

（1）市场分析和预测。通过市场分析，航空公司能够预测一段时期内每条航线市场总体旅客流量、航空公司市场份额等。

（2）航班频率和时刻。结合社会经济发展状况，通过专家预测确定各个时期的航线客流量和市场发展空间，在周期内将航班、航线的使用率进行统计，结合人们的出行需求和政策导向，制定合适的航班时刻表。

（3）机型指派。飞机型号的种类多种多样，不同的机型有不同的适用主体和用途。不同的机型会在客容量、总载量上存在差异。民航局应当结合航班表和各地区的用机需求，为不同的机场分配不同的飞机型号，使飞机的利用率达到最高，为人们出行提供便利，并使航空公司的经济效益达到最大化。

在我国大多数航空公司中，市场分析和预测、航班频率和时刻以及机型指派问题都由市场部（或商务部）负责制订计划。

（4）飞机排班。飞机排班指在机型指派的基础上，确定每架飞机的飞行任务。飞机排班包括飞机路径问题和飞机指派问题。飞机路径问题指根据航班段时空衔接（满足最小过站时间要求等）、维修等约束生成航班串或航班环，一个航班串或航班环对应于一架飞机相应周期的飞行任务，例如，一天航班串（环）为一架飞机一天的飞行任务，三天航班串（环）为一架飞机三天的飞行任务；飞机指派问题，也叫机尾号指派，其实质就是为每架飞机（标识为飞机机尾号）确定一个合适的航班串（环），要求覆盖所有的航班段，使得收益最大或成本最小。

合理的飞机排班不仅有助于航班的安全、正点运行，还能提高飞机利用率，便于运行调度和机务维修工作的组织实施，能有效地降低运营及维护成本。在我国，飞机排班工作由机务部负责。

所谓航班串，就是将那些具有天然的衔接关系（时间和空间）的航班段连接起来，形成一个整航班。

（5）机组排班。机组排班指对航班计划中的航班，根据其机型属性，为每个航班指派相应的飞行人员（包括正驾驶、副驾驶、领航员等）、乘务员和空中保安，以承担航班的飞行和机上作业。也可以说，机组排班指制订一定周期（如一个月）内，每个机组人员（包括驾驶舱、乘务舱等人员）编排一个活动安排计划，包括飞行人员的训练、休假等地面活动的安排。机组排班依次包括机组任务配对和机组任务指派。在航空运输生产中，机组成员（尤其是飞行人员）是一项非常重要而且昂贵的生产要素，在欧美国家，机组成本仅次于航油成本，是航空公司第二大直接运营成本，例如，美国的三角航空公司、联合航空公司等大型航空公司，人员成本每年超过 10 亿美元。

在制订航班计划的过程中，以上子计划过程互相关联，环环相扣；并且在具体制订计划时，执行不同层次航班计划的工作人员需要反复沟通和交换意见，最终生成令人满意的航班计划。通常将航班计划确定为狭义的航班计划，即指前三个步骤，如无特殊说明，后面提到的航班计划都是指狭义航班计划。

三、航班编制计划的过程

（一）国外航班计划编制过程

在欧美国家，航班计划编制过程通常分为两个相互关联的阶段：

（1）航班计划构建阶段。根据预计的市场总体旅客流量、市场份额以及机场时槽等资源构建航班初始时刻表，在构建好初始航班时刻表后，进入第二阶段。

（2）航班计划评审阶段。根据运行可行性和经济性等指标来评审航班初始时刻表，可行性包括考虑机型是否合理、航班衔接、飞机维修路径等约束条件；经济性要求降低航空公司运营成本，尽可能增加收益；任何对航班初始时刻表的修正和改善必须反馈给第一阶段。

两阶段反复迭代，直到产生满意的航班时刻表。

（二）国内航班计划编制过程

在国内，航班计划的编制通常包括以下步骤：

（1）调查研究和预测，掌握航空公司的外部条件。

第一，市场需求情况：包括有关空运市场的客货流量和流向，航空公司占有的市场份额等。

第二，有关地区的政治、经济和文化活动情况。

第三，竞争对手的情况：其他航空运输企业的生产经营情况及策略等。

第四，有关机场的情况：如跑道的长度和厚度，通信导航设施的先进程度，气象条件，候机室及货运仓库高峰小时客货流量处理能力等。

第五，对这些影响航班计划编制的外部条件，都要进行认真细致的调查和预测，切实掌握它们的现状和发展变化趋势。

（2）明确航空公司自身条件，提出任务目标和市场。

第一，本航空公司现有航线，机型的经济效益情况（如航班客座率、在册飞机平均日利用率、座公里收益等）。

第二，航空公司现有人力、财力、物力情况。

第三，结合航空公司内外条件，提出未来一定时期内航空运输产量、市场份额等目标。

（3）草拟方案，比较选择。根据已掌握的内外条件和已定计划目标，提出航班计划的初步方案并对多种方案加以比较和选择。草拟航班计划方案时，对每条航线进行具体分析，提出对航线、机型、班次、班期、时刻的安排意见等。

（4）综合平衡，确定航班计划。航班计划初步方案确定以后，根据一系列平衡考虑，最终确定航班计划，主要包括：

第一，飞机使用均衡：包括飞行小时、起落架次等均衡。

第二，航线班期密度平衡：指每条航线的班期力求均匀，例如某航线每周7班，应尽可能每天安排一班，尽量避免一天几班、另一天没有航班。同时要注意，对于几家航空公司共同运营的航线来说，单家航空公司的平衡是不够的，还需要把各航空公司的计划方案做进一步的平衡。这种全民航范围内的平衡是在每年两次的航班计划会上，在民航局有关部门的协调下，由各航空公司代表会议商定。

第三，航站工作量平衡：指航站每天进出港飞机架次力求均衡，包括每周各天的均衡和每天时间先后均衡两个方面。这样有利于充分利用机场设施（机坪、候机楼等），有利于保持好的工作秩序，有利于提供安全舒适的服务。

四、航班计划编排的规则

航班计划编排是一个烦琐而复杂的工作，虽然现在一些大型航空公司采用先进的计算机软件系统进行自动编排，但是少不了人工手动调整。因此，有必要掌握航班计划的基本编排规则。

（1）航班计划表示规范性。必须保证航班计划表示形式的正确性和规范性。

（2）航班号组成规范性。航班号（或航班代码）组成必须符合国际规范，航班号总长度不超过 6 个字符。为了便于区别国际航班和国内航班，国际航班中的序号部分通常采用三位数字，如 GA897 和 GA898。

（3）航班号唯一性。在航班计划中，航班号是标识一天中一个航班的唯一代码。从航班号的组成可以看出，在同一航线上同一时间段不可能出现两个航班号相同的航班，否则，无论是旅客还是运行和保障部门，都将无法辨识究竟是哪一个航班，即出现航班冲突。如果一家航空公司认为一条航线上运量充沛，则可以安排更大一些的机型，或另外增加不同航班号的航班班次，以在航班时刻上有所区别。换言之，尽管航班计划中一周7天同一航班可能每天都在重复，但是它们的班期不同，并且一天中这个航班号的航班只有这一班。

（4）班期表示规范性。班期的一般表示方式为7个字符长的阿拉伯数字，数字代表星期几，只能为数字 1～7 中任何一个字符，按星期一开始的顺序排列。

有航班的这一天在对应的位置上用星期几的阿拉伯数字表示，没有航班的一天在相应位置上用"·"表示，不能出现重复数字。例如，每天都有航班，则表示成 1234567。这里的 1、2、3、4、5、6、7 分别表示星期一、星期二、星期三至星期日。

如果周三和周六没有航班，则表示成 12·45·7，对应的航班位置为"·"。

航班计划通常以周（一个星期）为单位编制，以星期一作为一周的开始，航班按周循环。但是，对于一些远程航班，可能出现跨周才能完成的一个循环的情况。

（5）航班时刻表示规范性。航班时刻即航班离站或到达的时间，其表示形式为 HH：MM。如 08：25，有时会表示为 0825；又如 2345，表示为 23：45。

为了提高航班计划的稳定性，通常同一航班号航班时刻保持不变。但是，有的情况下考虑到市场细分特点，特别是周末航班，航班时刻可能会不同于其他几天。

（6）航段名称规范性。航班飞行的航班段名称，通常有几种表示方式。一种是直接用机场所在城市名称表示，如北京—南京。由于有的城市有两个甚至更多机场，则航段名称使用机场所在城市和机场名称，如上海浦东—北京、上海虹桥—广州。

在航班计划中，通常采用国际标准机场三字码或四字码表示，如 PVG-SIN（上海浦东—新加坡樟宜机场），SIN-MNL（新加坡樟宜机场—菲律宾马尼拉机场）。

（7）机型代码的规范性。机场代码是国际航空运输协会统一编制和发布的标准代号，用于统一标识全球航空旅客和货物的航班机型。

例如，733 代表波音 B737-300 型飞机；312 代表空客 A310-200/C 型飞机。

（8）来回程航班成对。定期航班计划中的航班来回程通常成对出现，形成一个闭环航程。回程航班号为去程航班号尾数 +1。例如，GA897 为去程，回程为 GA898。

（9）航班时空连续性。航班计划必须保证一个航班来回程飞行路线的空间连贯性，不仅是航段首尾相连，而且去程航班要返回到始发站（或基地机场），来回程飞行路线形成一个闭环。航班计划安排的各航段飞行时间先后顺序连贯，保证航班飞行路线的时间和空间连接，航段衔接时间没有重叠，空间上没有间断。

（10）经停时间合理性。航班计划中，航班飞机的过站或经停时间必须符合民航当局规定的最小时间间隔，以保障航班飞机在经停站准备继续前飞或到达目的地机场后准备返程所做的必要工作。过站或经停时间，与机型、机场和航班性质有关。

例如，根据 2008 年 3 月 30 日开始执行的《民航航班正常统计办法》，过站时间是从航空器滑至停机位开启即门至航空器准备工作就绪关机门之间的时间，最少过站时间是指通常情况下航班过站需要的最少时间，以便有足够的时间进行航班的地面保障服务。航空公司安排航班计划时，不得少于最少过站时间。该办法中规定的过站时间为：

第一，60 座以下的航空器不少于 35 分钟，如 EMB145、ATR72、CRJ200、DORNIER328 和 SAAB340 等。

第二，61 ～ 150 座的航空器不少于 50 分钟，如 B737（700 型以下）、A319、MD82 和 BA-E146 等。

第三，151 ～ 250 座的航空器不少于 60 分钟，如 MD90、B767、A310、A320、A321、B757-200 和 B737-800 等。

第四，251 座以上的航空器不少于 75 分钟，如 A300、B747、A330、A340、MD11、B777 和 IL86 等。

此外，北京、浦东、广州机场的航班过站时间在相应机型过站时间的基础上增加 15 分钟，虹桥、深圳、成都、昆明机场航班过站时间在相应机型过站时间的基础上增加 10 分钟。

当然，过站时间越长，航班飞机得到的保障服务就越充裕，但同时会降低飞机日利用率和机场停机位的利用率，延长经停时间和旅客途中旅行时间。

（11）机型适航性。航班计划中在对航班配置机型时，不仅需要考虑目标市场细分的旅客和货运市场特征，市场规模、航程、机型的运行经济性、航路特点等，还需要考虑机型的适航性和机型的机场适航性。例如，A380 目前只能在我国的几个大型机场降落；有些飞机适合高原地区飞行，如 A319，这些在制订航班计划时都需要充分考虑。

五、航班计划的管理

我国《中华人民共和国民用航空法》第九十六条规定：我国公共航空运输企业申请经营定期航班运输（以下简称航班运输）的航线，暂停、终止经营航线，应当报经国务院民用航空主管部门批准。以保障我国民航客货运输市场的有序、公平和健康发展。因此，航空公司的航班计划必须申报经国务院民用航空主管部门审批获准后才能营运。

由于航班计划与航线密不可分，因此，我国关于航班计划的管理分为两大部分：一是航线经营许可管理，二是航班计划管理。

（一）航线经营许可及其申报

根据《中国民用航空国内航线经营许可规定》，航空公司经营航班应当在计划开航 45 日前提出航线经营许可申请，按所申请航线经营许可的管辖范围，报送民航局或相关民航地区管理局进行审批。我国政府对经营国内客货航线分别采用核准和登记的方式，对申请经营的航线进行审批。民航局或相关民航地区管理局根据航空公司经营许可登记管理范围、航线及机场繁忙程度、航空公司基地等多项因素进行审核，对批准的航线颁发《国内航线经营许可登记证》，并对获准经营的航线经营情况进行管理和监督。

根据《中国民用航空国内航线经营许可规定》，在航线经营换季时，航空公司集中提交航线经营许可核准和登记申请，并于该航季航班计划执行的 80 日前向民航局或民航地区管理局报送区际或区内航线有关资料。当航空公司决定不在已经登记的航线上安排航班经营时，将按照所申请的航线经营许可的管辖范围，向民航局或相关民航地区管理局办理该航线经营许可登记的注销手续；已经开航但又决定停止经营的，于拟停止经营之日起 30 日前向民航局或相关民航地区管理局提出申请，民航局或相关民航地区管理局在收到申请之日起 10 日内做出是否批准的决定并给予公告。根据规定，航空公司应当确保办理经营许可登记航线的正常运营。凡航线经营许可登记后 60 日内未安排定期航班或因空运企业自身原因航班执行率不足 50% 的，航线经营许可登记将被注销，并且两年之内不予重新登记。

根据规定，航空公司取得的航线经营许可有效期为 3 年，期满后无特殊情况，经营许可自期满之日起自动延续 3 年，民航局或相关民航地区管理局对该类许可采取简易程序办理核准或登记。根据该规定，目前我国航线经营许可权不得租赁、转让、买卖和交换；未经批准，航空公司不得以航班代码共享或试租其他空运企业飞机等经营方式变相转让或出租航线经营权。

（二）航班计划的审批与生效

根据《中国民用航空国内航线经营许可规定》，航空公司在获得航线经营许可并取得相应的起降时刻后才能运营航班，以一种合理的载运比率提供足够的航班班次，以满足航线市场旅客、货物和邮件的运输需求。根据规定，航班安排由航班公司自己确定，报民航局或民航地区管理局依据航季评审规则进行评审确定。航班计划经民航管理当局审批后，以航班时刻表的方式向社会公布，航空公司在下一航季按获准公布的航班时刻执行。

实际上，民航局公布的航季航班计划在实际执行中会有不同程度的调整。例如，由于市场原因，某些航线会增加航班或包机，而某些航线可能减少航班甚至停飞或调整航班时刻。根据《中国民用航空国内航线经营许可规定》，航空公司可以根据市场需求在其所经营的航线上自行安排加班，提前一周报送始发机场所在地民航地区管理局备案，并取得相应的起降时刻后实施。但是，加班不得冲击其他航空公司的定期航班正常经营。如果航空公司准备停止经营航季客座率达到50%以上的航线，应当经民航局或民航地区管理局评审批准，未经评审核准，不得停止经营，以保障航线的航班正常经营秩序和消费者利益。对于调整航班时刻或增加新航班，都必须根据民航局《民航航班时刻管理暂行办法》事先申报并获准后才能正式向社会提供航班服务。

对于一些具有公益性或基于国家发展需要的特殊航线，我国政府采取一些特殊政策，予以保障航线运行。民航局和民航地区管理局在进行航线经营许可核准和航班安排协调时，对承担政府协调、执行指定的特殊贫瘠航线飞行任务的航空公司，按其要求酌情给予增加由该地区始发的航班或开辟该地区始发效益较好的航线；对新辟独飞的老、少、边、穷地区支线航线采取市场培育期保护措施，在两年内不再核准或登记其他空运企业进入经营。

六、航班时刻的管理

航班时刻是指向某一航班提供或分配的某一机场的某一特定日期的到达或起飞时刻。根据欧盟的解释，航班时刻是准许指定航班在一指定机场着陆和起飞的指定时期和指定时间。实际上，飞机的起飞或者着陆是一个过程，涉及对机场近空空域、机场跑道、滑行道、停机位，甚至机场近空及夜间航行设施等资源的使用。

因此，航班飞机不仅需要起飞或着陆的时刻，而且需要一个保证安全起飞或着落过程的一段时间，故航班时刻又被称为时间片、时隙或时间槽等。对于一个繁忙的机场而言，一条跑道每天可用于飞机起飞和降落的时间十分有限，因此，这些时间片是一种非常珍贵的稀缺资源。在航班时刻这种稀缺资源的背后，就是民航管理部门的权力，直接关系航空公司、机场和空管等相关部门的直接利益。

关于繁忙机场的航班起飞时刻或降落时刻分配与管理问题，是目前全世界民航运输业发达国家民航管理局、航空公司、机场甚至军方等多个部门都极为关注的复杂话题。从技术角度看，航班时刻的分配和管理与机场容量、空域容量等因素紧密关联。

（一）机场容量的影响因素

从航班计划的编制、申报与管理过程可以看到，一方面，航空公司为了使航班更具有竞争力，会竭尽全力争取理想的航班时刻；另一方面，对于热点航线机场或繁忙机场而言，一天24小时中可用的黄金时间段极为有限，对每小时的飞机起降次数有限制，以保障起降安全。民航地区管理局需要考虑机场容量、进近空域容量、协调区域经济发展、兼顾航空公司之间利益、实施政府对市场调控，以及保障航空运输安全和国家安全等多方面因素，进行统筹规划和综合权衡。其中，有限的机场容量是限制增加航班时刻的主要瓶颈。

1. 跑道容量因素

影响机场运行能力的主要因素有空侧的跑道容量、滑行容量、机位和登机口数量，以及陆侧的候机楼容量和地面交通能力等因素。所谓跑道容量，即机场每小时能够提供的航班飞机起飞和降落服务架次的能力。实际上，飞机着陆过程中每一阶段的飞行时间，与机场附近空域云底高度、能见度、风向风速、降雨量、机场海拔高度及周边净空条件、机型、着陆飞机模式，甚至前一架着陆或起飞飞机机型等因素都有密切关系。

无论是跑道的进港容量还是离港容量，实际上的影响因素还有很多，如不同机型的飞机进出港的先后顺序、飞机载荷量、飞行员的操作技能、空管人员的指挥能力等因素，都会对每一架飞机起飞或降落所需时间产生直接影响，都会影响机型跑道的利用率。对于多跑道机场的飞机起降过程，由于多架同时起降的飞机在进近空间和离场进近空空域的协调以及跑道之间存在的相互影响，导致多条跑道机场的实际容量并不是单条跑道容量的倍数关系。

因此，航班时刻安排，需要理论和经验的科学结合，特别是航班延误现象比较严重的繁忙机场，更需要结合机场的实际运行能力进行航班时刻分配，才能保障航班计划的有效性和可靠性。

2．停机坪容量因素

机场停机坪容量，简称为机坪，是在机场地面划定的专供飞机停放一边上下客货、补充给养和能源、维护和检修或驻留停放的场地，统称为停机坪或机坪。一般分为客机坪、货机坪、远机位机坪、驻留机坪、过夜坪和维修坪等。靠近航站楼的停机坪通常称为站坪。在停机坪上，根据具体机型和飞机停放方式等要求划定若干个区域并编号供飞机停放，这些编号的区块称为停机位。

机场的停机坪容量是直接影响机场容量的重要因素之一。所谓停机坪容量，是在单位时间里，机场停机坪能够停放航班飞机以便上下客货的停机位数量。

（二）高峰时段管理

由于旅客对出行时间的偏好以及各航空公司出于枢纽航线网络对航班波的需要，形成了一批航班在某一段时间内（如30分钟）在某一机场密集起飞或降落的"高峰"现象，特别是在黄金时段（09：00—13：00和16：00—21：00），造成对机场近空空域和机场跑道等航班保障资源的需求在较短时间段内的急剧增加。

就理论而言，如果航班运行对机场近空空域和机场航班资源的需求按每天24小时平均分配（即"削峰平谷"），可以最大限度地充分利用空域和机场资源，缓解黄金时段航班过度集中产生的航班时刻矛盾。

我国一些大型国际机场现在已经将机场的开放时间延长，从清晨的05：00开始，一直开放到次日凌晨03：00。实际上，人们日常生活习惯和旅客出行对航班时刻偏好产生的航空公司对航班时刻的需求，随着民航运输市场的快速发展和激烈竞争在不断增长，而有限的空域和机场资源无法与市场增长同步，因此不可避免地出现"高峰小时"现象。这种现象客观上是对机场近空空域和机场极限容量的挑战，也是对空管指挥和机场服务能力与服务质量保障能力的挑战。

为此，空管部门和机场当局通常设定"每小时最大起降架次"限制，以保障机场运行安全。在美国和欧洲的一些繁忙机场，对繁忙机场的不同时段采取不同的机场收费标准，以此抑制航空公司对高峰时段的需求。也正因为繁忙机场高峰小时时段十分紧缺，而且延误率较高，因此出现了机场群，以分流旅客。

关于如何确定"高峰小时"，或如何确定"高峰时段"，世界上并没有统一的标准，因国家和机场而异。"高峰小时"或"高峰时段"通常是指一个机场跑道的飞机起降架次超过机场设计容量（每小时最大起降架次）的那个时间段。例如，国际民用航空组织采用年度两个高峰月的日均小时作为"高峰小时"或"高峰时段"；国际航空运输协会采用年度高峰月的平均周第二个最繁忙日的"高峰小时"；美国联邦航空局（FAA）采用年度高峰月的日均小时；我国上海浦东机场采用类似美国联邦航空局的方法，以年度高峰月的日均小时作为高峰小时。"高峰小时"内航班飞机起降架次限制的设置，与机场近空空域容量、净空条件、通信导航设备条件、空管指挥能力、机场指挥协调能力、机场设施设备保障能力等因素有关。

（三）航班时刻的分配、协调与管理

航班时刻分配、协调与管理的主要目的，旨在建立一种公平、公开、公正分配航班时刻和规范管理航班时刻的有效机制，以权衡各方利益，加强对交通繁忙或拥挤机场的航班起飞和降落进行分配、使用、管理与监督，以充分发挥繁忙机场有限的航班时刻资源的最大效用，规范航空运输市场秩序，促进航空运输市场的健康发展。

由于航班时刻的多方利益交织，关于航班时刻分配和管理机制一直是一个充满争论和不断探索与改革的国际性话题：作为航班时刻的需求者和使用者，航空公司希望有一个比较灵活的航班时刻管理政策和协调机制，以利于航线市场的竞争和发展。一些国家的航空公司认为，由于航线市场需要开发，需要航空公司不断进行投入，以建立自己的市场和品牌，因此，航空公司不仅希望能够长期保持已有航线的经营权和已有航班时刻的使用权，以保障航空公司的产品稳定性和产品品牌，保持在已有航线上的市场竞争力，而且希望在拥有当前航班数量和航班时刻的基础上拥有增加航班量和新航班时刻的优先权，作为对前期投资人的回报，即"祖父权利"。

有些航空公司认为，应该允许交换或有偿转让拥有的航班时刻。新进入的航空公司则认为，"祖父权利"是一种不公平的市场垄断行为，不利于促进航线市场的发展。一些经济学家也认为，航班时刻分配中遵循的"祖父权利"违反了公平竞争原则，是一种不公平的垄断行为，客观上保护了既得利益集团的利益。

但有些航空公司认为，基于已经拥有的航班时刻使用权，不应该限制航班的始发地或目的地。有的航空公司对航班时刻采取有偿使用政策表示不同程度的赞同，但认为收费不宜太高。作为提供跑道、停机坪、候机楼及相关地面保障服务的机场，特别是繁忙的机场认为，机场为了扩大自身客货吞吐能力，对基础设施建设投资巨大，除了对航班时刻的正常收费之外，还应当对高峰时段的航班时刻

收取较高的使用费，这样可以提高高峰时段航班乘坐率和航班时刻使用效率，减少为了提高航班密度或航线衔接的小飞机航班，避免空占虚耗航班时刻的现象。

机场应当在航班时刻分配决策过程中具有决定权，因为航班时刻不仅涉及供飞机起降的跑道容量，而且涉及停机位、登机口、安检通道、值机柜台、行李处理、候机楼容量、地面交通等诸多机场设施设备能力和地面保障服务能力等，这些都需要机场的大量投资和管理。

航班时刻不单单涉及机场容量，同时也涉及空域容量。空管不仅提供保障航班安全飞行的空中交通指挥服务，而且为航班飞机在机场的起飞和降落过程提供指挥服务。空管在航班时刻分配决策过程中应当具有主导作用。

航班时刻与空域一样，属于公共资源，应属国家所有，因此，航班时刻应该像空域管理那样由政府控制。关于繁忙机场、交通拥堵和可能产生拥挤的机场航班时刻分配与管理，由于各国管理体制不同，因此在具体实践中国际上存在多种模式，莫衷一是。

航班时刻管理涉及定期航班的换季航班时刻、不定期航班的航班时刻和通用航空飞机的航班时刻，以下主要论述为具有代表性的定期旅客航班时刻分配与管理模式。

1. 国际航空运输协会模式

自从 1947 年以来，国际航空运输协会一直推行"航班协调会议"模式，致力于为繁忙或交通拥堵机场的航班时刻安排和管理提供公正、透明、非歧视性的协调机制，原则上反对以行政手段强制分配航班时刻。该协会通过定期出版《世界航班协调指南》，向各成员航空公司发布关于国际航班时刻的参考依据。该协会每年 6 月和 11 月召开两次国际航班协调会议，成员或非成员航空公司、相关机场以及民航管理机构的代表均可以参加，分别对春夏和秋冬航季的国际航班的航班时刻进行协调，根据该协会颁布的《世界航班协调指南》中的航空时刻协调总则，航班时刻只分配给航空器承运人，航空器承运人在获得正式分配的航班时刻后才能在指定的机场正式运营航班。经过该协会航班协调会议确定的航班时刻，最终经过航空承运人所在国的民航主管部门批准后在下一航季正式生效。目前，该协会的这种航班时刻协调机制和方法，已被世界上许多国家采用。

航班时刻协调的主要对象是出现航班拥挤的国际机场，这种航班拥挤实际上是一天中某个时段内出现航班起降密度超过机场跑道或机场其他设施的设计能力。为了确定航班时刻协调的重点，《世界航班协调指南》按照机场航班时刻的紧张程度将机场分为三个等级：

一级机场：为非协调机场，这一类机场的航班时刻在下一航季中能够满足航空公司的航班需求，无须对航班时刻进行协调。

二级机场：为辅助协调机场，这一类机场的航班时刻有点紧张，但是通过机场、空管、航空公司等各方的正式协调，能够满足下一航季航空公司的航班时刻需求。

三级机场：为（完全）协调机场，这一类机场已经无法满足航空公司的航班时刻需求，必须通过机场、空管、航空公司等部门的通力协调和航班时刻精确分配，才能解决起飞和降落时刻问题。

因此，国际航班协调会议的主要内容是重点针对三级协调机场的航班时刻协调。根据《世界航班协调指南》中发布的规则，机场协调等级的确定和机场可用分配的时刻容量，需经过机场所在国的民航主管部门根据机场实际运行数据和机场容量评估进行确认。凡是希望获得三级机场起降时刻的使用者，必须向国际航空运输协会航班协调委员会提出正式的申请。申请者所在国的民航主管部门必须向国际航空运输协会航班协调会议委员会提供协调机场的可分配容量（即航班时刻），航班协调委员会将依据公布的协调原则对所有申请协调的航班时刻进行时刻协调。

在整个协调过程中，有一个很重要的角色，即航班时刻协调员，他／她由民航主管部门经与协调机场和航空公司协商后指定。协调员身份独立，不代表任何一家利益集团，要确保协调工作中立、透明和无歧视。协调员的工作和职责是，掌握协调机场容量信息、拥挤时段航班信息、拥挤时段的航班时刻申请信息，负责沟通协调机场和航班时刻申请者，提出航班时刻协调方案。

根据《世界航班协调指南》，协调机场的航班时刻协调工作必须遵循以下基本原则：

（1）历史航班时刻优先原则，即"祖父权利"原则。航空公司以往同一航季的拥有航班时刻使用率不低于80%，则可以继续使用已拥有时刻，除非自己自愿放弃，为第一优先使用权。这一要求旨在提高航班时刻的利用率。

（2）新进入航空公司的航班时刻优先权。"航班时刻池"中50%的可用航班时刻优先分配给新进入的航空公司。不过"航班时刻池"中的航班时刻多为不受欢迎时刻，没有航空公司愿意自动放弃已经在握的好航班时刻。

（3）航空公司以往同一航季的拥有航班时刻使用率不得低于80%，但是需要调整下一航季的起飞或降落时刻，则为第二优先使用权。

（4）两个航空公司之间可以进行航班时刻的一对一交换，至于是否有偿交换，则视所在国政策而定。

（5）两个航空公司之间可以进行航班时刻转让，至于是否有偿交换，则视所在国政策而定。新分配的航班时刻则不得转让，至少使用该航班时刻运行航班两个相同航季。

（6）分配给航空公司的航班时刻如果不使用、不交换或不转让，则必须退还到"航班时刻池"中，以作再分配。

（7）航班时刻可以用于共享航班，只要相关国家没有规定限制。

以上这些基本原则的主要目的，就是要提高繁忙机场航班时刻的使用率。

2．政府主导的多方协调模式——欧盟模式

欧盟在1993年公布的《欧盟起降时刻分配规章》（EC95/93）是目前整个欧盟国家起降时刻分配和管理的一个基础性法规文件，它旨在促进起降资源的灵活使用，并尽力减少日渐饱和的机场起降资源的浪费。

EC95/93规章就机场的饱和程度制定了一套透明且公平的标准。根据这套标准，那些地面容量不够充裕的机场被指定为"需协调的"或"完全需协调的"机场。如果某个机场进入了"需协调机场"或"完全需协调机场"之列，该机场所在成员国就有责任指定一个对航空承运人的航班计划协调有丰富经验的自然人或法人作为此机场的时刻协调人。

政府在对各国的航空运输管理过程中，需要注意平等性、公平性和协调性原则，不可对不同国家的航空公司实施不同的标准和原则，并针对上一年度没有使用完全的资源进行合理再分配。各大航空公司应当将上一年度和本年度的资源使用情况及使用用途如实上报，民航局再根据各大航空公司的情况进行处理。政府应当时刻协调机场与机场、机场与民航局、机场和旅客之间的关系，保障各个航空企业的利益。接下来，时刻协调员的工作就是进行时刻分配。

在进行时刻分配时，EC95/93奉行"祖父条款"分配机制，也就是一个航空公司如果已经获得某个时刻的起降权，根据某些条件，从理论上讲，它就永久地拥有了这个时刻的起降权。EC95/93规章对航空公司已经拥有的起降权的管理政策遵循二八（80/20）法则，即承运人在被分配了某个起降资源的期间，必须至少使用该时刻资源的80%，否则就要将其归还给时刻协调员（或委员会）的"时刻池"中。

同时，此规章中的 50/50 规则规定，每年需拿出"时刻池"中的一半分配给新加入的公司或新进入某条航线的公司，除非这些公司所申请的时刻数量还不到"时刻池"的一半，以给这些新进入航空业或新进入某条航线的公司更多的机会。另外，EC95/93 规章还允许时刻资源在航空公司间进行交换。

EC95/93 规章给时刻资源的分配和管理提供了一整套可以遵循的工作程序，但由于时刻协调工作本身的复杂性，EC95/93 规章在指导工作时逐渐显露出一定的局限性。

（1）进入和扩展壁垒。在某些繁忙的机场，由于已经运营的航空公司希望仍然继续持有手中的时刻资源，根据"祖父条款"，这些公司可以顺理成章地继续保留这些时刻，所以这些时刻资源很少有可能回到"时刻池"中进行再次分配。大量的时刻滞留在原来持有的航空公司手中，使得时刻的管理缺少灵活性。即使有公司主动或被动放弃自己手中原有的时刻，这些回到"时刻池"中的时刻资源也不是一个系列的。航空运输业界对航空公司编排航班时成排作战所能达到的经济性已经有所共识。

因此，航空公司在意向进入某一航线时，总是试图使这条航线上的时刻编排成一个系列才能够真正服务某条航线。这不但对新加入的航空公司是一个壁垒，同时，对现有航空公司完善自己的航线网络也是一个壁垒，因为它们拿不到足够支撑运营的时刻资源。

（2）时刻资源白白虚耗。目前欧洲乃至国际的航班时刻分配系统中，航空公司并不需要为他们分配到却没有使用的时刻资源支付任何的费用。即使 EC95/93 规章中的 80/20 法则，也只是在航空公司本航季没有使用到所分配时刻的 80% 的情况下，在下一个航季才需要放弃这个时刻资源。

而在本航季中，如果持有此时刻资源的航空公司没有充分利用，这个时刻资源本身已经被虚耗了，这对更需要这个时刻资源的航空公司和那些时刻资源很紧张的饱和机场来说都是一个浪费。

（3）航空公司争相抢夺高峰时刻。旅客对出行时间的选择是有偏好的。一般情况是，航空公司在编排航班时也倾向于贴近旅客的时刻偏好。这就形成了机场时刻使用的波峰和低谷。

在 EC95/93 规章下，无论是高峰时刻，还是低谷时刻，时刻资源的使用均是花费同样的成本，且成本费用低廉。如此一来，航空公司当然会首先申请和选择受旅客青睐的高峰时刻。这就造成了机场在拥堵的时刻更加拥堵，而即使在容量非常饱和的机场仍然有闲置的时刻。

（4）其他局限性。由于持有时刻资源几乎不用花什么成本，对已持有这些时刻的航空公司来说，并没有太多的动力将自己使用得不好的时刻主动归还到共有的"时刻池"中去。

事实上，这些时刻归还回去得越晚，被协调员重新分配的可能性越小，这样对于那些在拥堵机场运营的航空公司来说反而减少了一些更加拥堵的概率。

3. 政府主导的抽签分配模式——美国模式

1985 年，美国出台了新的航班时刻分配条例，创制了抽签分配程序，其抽签分配机制的主要指导思想是：抽签不是指抽选时刻，而是通过随机抽签以确定时刻选择的顺序。具体机制如下：

（1）建立航班时刻的时间池。航班时刻的时间池包括上年度未分配的时刻和本年度新增加的时刻。

（2）确定参加抽签分配的资格。审查申请参加抽签的航空承运人是否具有参加资格。对美国航空承运人必须是在拥挤机场（协调机场）运营并提供定期客运服务，而外国航空承运人则必须符合双边协议。

（3）公布时间、程序。在联邦注册报上公布详细的抽签日期和程序。

（4）组织抽签。首先是所有承运人抽选选取时刻的顺序，然后，按照该顺序轮流在时间池中选取时刻。但在抽签过程中，为了平衡各方利益，培育国内市场的竞争者，促进民航业的协调发展，新进入和限定性在位承运人具有优先选择的权利。同时，对每轮抽签进行容量限制，以保证抽选顺序靠后者有机会得到相对满意的时刻。具体容量限制及抽签程序包括：

第一，新进入承运人，在首轮循环中从预留 25% 但不少于 2 个的可用时刻容量内可选 4 个（总持有数不超过 12 个）。

第二，限定性在位承运人（指在某特定机场以任何组合形式持有或运营少于12 个航空承运人时刻或通勤营运人时刻的航空承运人），在为新进入承运人预留时刻未被选完的情况下，可在剩余容量内选 2 个，但总持有数不超过 12 个。

第三，非限定性在位承运人，在余下 75% 中，加上 25% 中未选完的可用容量内，按顺序可选 2 个时刻。

第四，所有承运人在上述三步完成之后，若仍有剩余时刻容量，则选择循环，并按相同顺序重复进行，每轮限选 2 个。

（5）公布抽签结果。该抽签分配机制采用后的效果非常显著。有调查显示，在早期未实施抽签分配机制时，美国有 80% 的时刻分配不出去，非高峰时刻闲置，大家纷纷抢占高峰时刻，繁忙机场出现严重的拥挤现象，时刻总体利用效率不高。但实行抽签机制后，时刻 100% 都能分配下去，大大提高了时刻的利用效率，高峰时刻的拥挤现象得到大大的改善。该抽签机制强调了时刻分配的公平、公正及透明性：

第一，各航空公司机会均等，能否获得高峰时刻，决定权不再是主管部门，而是看自身能否抽选到较好的选取顺序，这既可以避免权力部门的权力寻租现象，减少纠纷，同时提高了广大航空公司参与时刻分配的积极性。航空公司即使拿到不满意的时刻，也不会怨声载道，而是客观对待，设法通过提高本公司的客座率等方式来弥补损失。

第二，时刻分配的信息公开透明。在每次抽签分配前，航班时刻管理办公室在联邦注册报上发布详细的抽签日期和程序，分配结束之后，也将分配结果公布于众。

第三，该分配机制能有效地促进行业的均衡发展，既扶持大型航空公司，培育具有国际竞争力的航空运输企业；又照顾到了中小航空公司、非基地公司、支线航班、货运公司和低成本公司的利益，有利于培育国内市场的竞争者，建立竞争的航空运输市场。

可见，抽签分配机制能有效地避免时刻分配的纠纷，很大程度地提高各航空公司对时刻分配机制的认可以及对时刻分配结果的满意度，不但使得时刻分配工作效率得到很大提高，而且使得时刻利用效率得到上升，缓解了机场的拥堵。

4. 政府主导的配置模式——中国模式

目前，国内按冬春（11 月到次年 3 月）、夏秋（4 月到 10 月）两季，一年调整两次航班时刻表，航班时刻配置的指导文件包括《民航航班时刻管理办法》《关于进一步做好航权航班和时刻管理工作的通知》和《关于进一步规范国内航线加班包机临时经营航班和时刻管理的通知》，具体配置主要采用国际航空运输协会模式。在此模式下，航班时刻协调的核心是按照固定的优先顺序进行行政性分配，"祖父权利"是这一模式中的核心特征，也就是航空公司对上一航季所持有的时刻享有被优先承认并继续使用的权利。航班时刻的协调应遵循如下原则、标准和规定：

（1）主辅机场协调原则。协调机场的时刻协调以主协调机场为主，辅协调机场的时刻协调要配合主协调机场的协调要求，同为主协调机场或同为辅协调机场则以起飞机场为主。

（2）有利于促进竞争的原则。

（3）有利于促进枢纽建设的原则。

（4）机场开放时限。

（5）标准航段运行时间和使用机型的最少过站时间。

（6）因机场改扩建或设施改造等方面影响的限制规定。

（7）空中交通管理及其他安全方面的相关规定。

航班时刻的申请和协调：针对国内航空公司，航班时刻需要遵循航班协调的时刻进行飞行。如果没有进行航线协调，可以先到先飞。在时刻表上的航班绝对不可以先到先飞，必须遵循协调规则。航班需要先向总部发送起飞请求，得到允许后才可以起飞。

民航局应于每次换航季前45天，确定并在时刻管理网公布各协调机场预留用于特殊航线的航班时刻。预留的特殊航线航班时刻不得超过机场可用时刻（包括新增时刻、未分配时刻、收回时刻）的5%。预留的特殊航线航班时刻不进入时刻池。

经民航局批准，未使用的特殊航线航班时刻可临时归入时刻池，按规定用于不定期航班和通用航空飞行；特殊航线航班时刻由民航局空管局协调分配，协调分配结果报民航局批准；特殊航线的标准由民航局制定，并与预留时刻同时在时刻管理网上公布；航空公司不得变更取得的特殊航线航班时刻的用途。航空公司获得特殊航线航班时刻的条件丧失时，由民航局空管局报民航局批准收回相应时刻；航空公司内部和航空公司间可以根据自身需求一对一交换航班时刻。航空公司以新进入航空公司身份取得的时刻在运营两个相同航季以后，才可以进行交换。航班时刻交换需得到原航班时刻协调机构认可。航班时刻协调机构不得拒绝这种交换，除非因机场、空管条件限制等充分、合理的原因。航班时刻协调机构拒绝航空公司交换时刻的，应说明理由。

航空公司不能达到全航季80%使用率的航班时刻，由航班时刻协调机构取消其历史时刻优先权当某一已分配时刻已不能达到全航季80%使用率时，航班时刻协调机构在听取相关航空公司的解释后，可决定在航季剩余时间将此时刻收回放入时刻池。当时间超过已分配时刻有效期的20%，而该时刻仍未被使用，航班时刻协调机构在听取相关航空公司的解释后，可决定在航季剩余时间将此时刻收回放入时刻池。航空公司因不可抗拒的原因或者特殊情况下未执行的航班时刻，在计算使用率时应视为已执行。

关于航班时刻资源的分配、管理与监督机制等问题，目前仍然是世界各国在根据本国国情进行不断探索的课题，其中包括航班时刻归属权问题、航班时刻的市场机制及交易主体问题等。

第四章　航空货物运输的质量控制与组织管理

第一节　航空货物管理的质量控制

传统管理学以物流管理和货物整理为主要的工作任务，现代管理更加注重质量的把控和细节的管理，在针对货物质量方面，会从整体架构的每一个部分进行优化。严格的质量把控可以保障货物的品质，使企业得到长远发展。

一、质量管理认知

（一）质量管理与质量职能

进行质量管理应当首先明确质量管理目标，然后针对整体管理体系进行分析和计划。通过各种手段和途径，使货物品质得到控制和保障，针对存在的质量问题进行优化和改进。

优质的货物是经过严格把控形成的，在此过程中，货物由简单到复杂，不断改进和优化货物本身存在的不足，最后形成优质产品。在生产过程中，需要制造部门、监督部门进行密切配合，通过两者相互监督、共同发展。每一次对产品的检验，都是质量的提升过程，如此反复可以使产品达到优质状态。各个部门需要承担自身职责，严格要求自身工作，并对其他部门进行监管。在产品生产结束后，还需要经过一次又一次对生产产品的环境、仪器、人员进行严格检验，保障产品质量，并为人们提供高质量、高品质的产品供给和销售服务。

（二）全面质量管理的特点

全面质量管理指对产品整体的质量进行把控，并且针对生产产品的各个工作人员、相关仪器进行合格检验。严格的监管可以使产品质量得到保障，为用户带来较好的使用感受。具体的管控范围及方式，可以从以下内容进行理解。

全面质量管理相较于单纯的质量管理更具有组织性，需要管理者从整体的发展角度进行分析；需要协调各个部门之间的关系，严格监管各个部门的本职工作，并设置监管部门对各个部门进行监督，保障整个生产链条严格按照合格标准进行。质量管理是全面质量管理的一部分，两者存在差异性，不能将两者的定义混淆理解。两者之间的不同之处在于，全面质量管理涉及的内容更加完整，需要特别注意：①全面质量管理有完整的运行架构，具有整体性和组织性，以发展优质产品的全部环节作为检验的工作中心；②全面质量管理指只有保障生产链上的每个环节、每名人员和每台设施都合格，才可以为产品优质提供质量保证；③全面质量监管注重生产结束后的检验工作；④全面质量管理的目的在于为用户提供优质的商品及完善的服务，使用户对企业产生信赖，从而创造长远的效益。

全面质量管理的特点，可归纳为以下五点：

（1）现代的全面质量管理相较于传统的质量管理，更加注重用户的使用感受，会针对用户的真实需求进行产品设计及服务的提供，用户可以获得良好的购买体验。但是，传统的质量管理只关注产品标准和规格是否合理，不注重用户的真实诉求，会导致高质量的产品很难受到大众喜爱。只有为用户提供适当的产品和服务，才可以使用户更加信赖企业，从而为企业发展注入经济活力。

（2）全面质量管理需要树立正确的发展观念，并针对生产链中的每个环节进行严格把控，保证产品质量。

首先，需要注重产品本身的质量。要求生产过程保质保量，为之后的销售和服务环节奠定良好的物质基础。

其次，需要注重产品生产的质量。生产产品的过程中，需要对产品设计、包装、售后等流程进行监管；需要设立专门的质量监督，保障产品生产过程中的安全性。

最后，需要注重产品涉及的全部人员的监管。产品是工作人员劳动的产物，要保障产品质量，需要对生产人员进行严格监督和管理。企业对人员进行定期培训，提升工作人员的专业素养和思想素养，保障工作人员具备较高的素养以胜任生产制造工作。

（3）全面质量管理的有效控制，可以为整个企业带来发展空间。企业管理者应具备质量监管思维，将这种思想传递给每个部门的工作人员，为其工作提供指导方向，帮助企业树立正确的经商观念。企业要在风雨飘摇的市场竞争中站稳脚步，需要做好产品质量工作，才可以提升自身竞争力。不可以忽视每个产品，不仅需要注重生产环节的工作质量，销售和服务环节也是重要的质量把控对象。

（4）全面质量管理应当注重对员工积极性的调动。工作人员是生产产品的主要劳动力，只有保证员工的权益，才可以使员工更加全心全意地制造产品。企业领导者及各个部门的主管人员要以尊重意愿和保障员工利益作为发展前提，才可以使产品生产得到保障。

（5）全面质量管理注重展品质量的不断提升和优化。随着社会的不断发展，人们对产品的要求也发生了变化。只有把握人们的消费心理，针对人们的实际需求，对产品进行调整，才可以使产品在激烈的市场竞争中获得发展空间。因此，企业不应该停留在原地，要不断寻求新的发展方向，不断完善产品质量和服务质量；不断把控和调整产品质量，从而生产出适合市场要求和人们要求的产品。

（三）全面质量管理的思想基础

意识指导实践活动，人们做出的任何动作都受到大脑思维的指令。因此，企业在开展具体的质量管理工程前，需要做好规划，确定发展模式及发展方向，才可以为具体的质量管理提供指导意见和思想基础。

（1）质量是首要思考的问题。一个企业的发展与产品质量有着直接的影响关系，产品质量也会对人们的生活水平和社会发展产生重要影响。因此，企业在发展前，需要将质量放在首位进行考虑。只有保证产品质量，企业才可能得到更好的发展，人们的生活质量才会得到提升。

（2）服务也是不容忽视的问题。产品的质量是发展的基础，但是企业的服务水平会对企业的存亡产生重要影响，生产出优质的商品是发展企业的基础条件。要在市场竞争中占据有利地位，企业需要保障自身较高的服务水平，而优质的产品为后续服务提供发展基础。

（3）生产产品的过程需要重点关注。产品质量关系到生产过程中各项操作是否正规、工作人员是否按照要求进行制造、生产设施规模是否达标等。这些都是构成优质产品的影响因素，产品制造完成后，还需要将产品放在市场中进行检验。经过反复实践和检验，才可以形成优质产品。生产的过程是保障产品质量最重要的环节，产品质量是在严格的监管中形成的。制造产品的主要劳动力是工作人员，还需要培养工作人员的专业素养和思想素养。

（4）不断对产品进行研究和优化。产品质量具有不确定性，是由于社会在不断变化，需要企业不断调整战略结构和生产模式。通过对人们心理需求的了解，制定符合人们发展要求的产品。企业需要找到产品和用户之间的内在联系，找到社会发展规律，从而制造符合时代发展要求的产品。

（5）在产品生产结束之后，需要对工作进行检验。全面质量管理需要针对全部工作人员和全部设施进行严格监管，应当给予每个人自检和互检的机会，使工作人员和其他部门一直保持积极的工作状态，并对产品生产进行检验，保障所生产的产品为优质产品。

（6）企业应当关注营销的各个数据指标，通过对指标的观察，可以感受到最真实的市场效果。在当今互联网发展的大背景下，可以针对企业发展的各项工作制定详细的数据记录。通过分析各项数据指标，找到产品质量中存在的问题或不适合市场发展需要改进的地方。只有正视数据背后的信息，才可以保障自身获得改进空间，提升产品质量，从而使企业得到长远发展。

（四）全面质量管理的目标

全面质量管理主要是通过对产品生产全过程的严格把控，实现自身价值。需要企业将内部各个部门进行有效协调和管理，从而提升产品的整体结构。全面质量管理强调对全体员工的管理，不仅需要关注产品生产过程的质量管理，更需要注重每个员工的工作能力。通过培训方式，提升员工的专业能力及思想素质。

对企业来说，全面质量管理的目标就是一切为用户着想、一切使用户满意。具体来讲，一般应做到以下四点：

（1）针对消费者的需求确定产品水平。只有在保证产品质量的前提下，才可以占据市场发展的有利地位。只有获得用户的信任，才可以更好地开展后续销售和服务工作。企业需要针对用户群体需求，制订适宜的生产计划，使产品质量得到保证。要采购适合生产发展要求的器材，使企业生产过程更加顺利。

（2）通过调查获得产品合理的销售价格。合理的价格制定可以获得更多的消费群体，只要用户的心理价位符合生产成本的控制范围，就可以适当地降低价格，从而获得消费群体。

（3）保障产品保质保量，用于满足用户的需求量。在保证产品质量的同时，也应当注重产品的供给需要，满足用户的正常需求量。由于产品数量和生产成本之间存在一定关系，扩大生产产品的数量可以使生产成本得到合理控制。只有生产的产品数量满足用户的需求量，才可以为用户带来一定的经济效益。

（4）在为消费者提供优质产品的同时，更应当注重服务水平。消费者选择商品的原因在于优质的产品及高质量的服务，因此，在做好产品质量的同时，更应当做好产品销售服务，保障优质产品得到更好的销售效果。

随着现代社会的快速发展，企业之间的竞争愈来愈激烈。要在当今时代得到长远发展，需要注重产品生产、销售、服务等每一个环节的质量。保障用户获得良好的产品体验，才可以使企业在用户中赢得信任。在维护现有用户的同时，开发新用户，从而为企业带来巨大的经济效益和社会效益，提升人们的生活水平，并推动社会经济发展。

（五）现代企业质量管理的方法

1. 排列图法

排列图法又称为主次因素分析图。该图是从影响产品质量的许多因素中找出主要因素的一种有效方法。

国外著名经济学家将数学计算、统计和排列式组合在一起，对社会经济的发展情况进行探究，结果表明这是一种很有效的方法，可以清晰地感受到世界上一部分人占有大量财富，而大部分人占有少量财富。通过排列式的方法，找到企业中质量管理的主要问题和次要问题，从而提升企业的产品质量和核心竞争力。

排列图中有两个纵坐标、一个横坐标、几个直方形和一条曲线。一般情况下，左边的纵坐标表示频数（件数、金额等），右边的纵坐标表示频率（以百分比表示），有时也可以把两个纵坐标都画在左边。横坐标表示影响产品质量的各个问题（项目），按其影响程度的大小从左至右顺序排列，而直方形的高度表示某个问题的影响程度，图中的曲线有人称它为帕累特曲线，或洛伦茨（Lorenz）曲线。通常把这条曲线所对应的累计百分数划分为三个区域。

（1）排列图法的优点如下：

第一，主次因素分明，简单明了，便于广泛使用和推广。

第二，它可以帮助人们在质量管理过程中逐步养成用数据和依靠数据说话的习惯。

第三，排列图的应用范围广泛，除了用来进行质量管理，在生产、财务、工资、设备、物资、动力管理等方面，以及分析主要问题找到主要影响因素等方面都能取得明显的效果。

（2）制作排列图，不仅可以使人们对所要分析的问题达到主次分明、系统、形象的效果，还有助于人们逐步培养起用数据说话的分析习惯。制作排列图，通常可按以下步骤进行：

第一步，收集数据，即在一定时期里收集有关产品质量问题的数据。如，可收集 1 个月或 3 个月或半年等时期里货物的差错数据。

第二步，进行分层，列成数据表，即将收集到的数据资料，按不同的问题进行分层处理，每一层也可称为一个项目；然后统计一下各类问题（或每一项目）反复出现的次数（即频数）；按频数的大小次序，依次列成数据表，作为计算和作图时的基本依据。

第三步，绘制排列图。根据表给出的数据，将横坐标确定为差错原因，左纵坐标为差错次数，右纵坐标为差错累计百分比数。

（3）作排列图时，要注意以下事项：

第一，一般情况下，A 类区对应的主要问题不要超过三个。

第二，纵坐标可以用件数或金额表示，也可用时间表示，也有用"可能性"来表示的。原则是以能够较好地找出"主要问题"。

第三，不重要的项目很多时，横轴会变得很长，通常把这些项目并列入"其他"项内。"其他"项的高度即便比前项目高，也排列在最后。

第四，横轴上的问题（项目）的宽度为多少，一般没有严格要求，但各问题（项目）间的宽度要求相等。

第五，确定了主要问题，进一步分析原因，采取相应措施后，为了检查"措施的效果"，应重新画出排列图。

2．因果图法

因果图又称为特性要因图、鱼刺图、树枝图。它是表示质量特性与相关的质量因素之间的关系图。因果图采用质量分析会的方式，集思广益，并将群众的意见按照质量问题的因果关系，进行系统的整理、分析，将不同的层次画在一张图上，从而找出影响产品质量的各类原因和主要影响原因。根据因果主次关系，描绘出质量原因关系图形，供细致分析造成质量的原因。

（1）因果图有一定的格式。因果图法是寻找和记录造成质量问题的原因的一种有效方法。此图以要改善的某主要质量问题为结果，画出一个主干线箭线，然后从操作者、机器、方法、原材料、环境五大方面，层层寻找原因，从大到小，从粗到细，把各种层次的原因都用箭线记录在图上。

（2）作因果图时，要注意以下事项：

第一，所要分析的某种质量问题，应是排列图中指明的主要问题。该问题要提得具体，且一个问题作一张因果图。

第二，各种分析意见应简明扼要地按层次标在相应的箭线上。

第三，原因分析的层次应细到能具体采取措施为止。

第四，大原因不一定是主要原因。主要原因可用投票或其他方法来预先确定，并用记号标出。然后，针对预先确定的主要原因到现场去落实解决措施。

第五，措施实现后，再用排列图等检查效果。

（3）因果图的作图步骤如下：

第一步，确定分析对象，即把排列图中的一个主要问题，填入主干线箭头指向的方框中。

第二步，记录分析意见，即按分析意见大、中、小层次对应地填入图上。以货物运输地面损失引起的货物运输质量问题为例，从质量问题的现象着手，逐步分析引起问题的各种原因和问题的根源。

第三步，检查有无遗漏，标出重要原因。

第四步，记上必要事项，如时间、与会者、单位等。

3．PDCA 循环法

PDCA 是英语 Plan（计划）、Do（执行）、Check（检查）、Action（总结、处理）四个词的第一个字母的组合。PDCA 工作循环，就是按照计划、执行、检查、总结四个阶段的顺序来管理工作。它是开展质量管理活动运转的基本方式，是一种科学的工作程序。

在质量管理活动中，要求把各项工作按照计划，经过实践，再检验其结果，将成功的方案纳入标准，将不成功的方案留待下一个循环去解决。这种工作程序反映了开展管理活动的一般规律性。

（1）PDCA 工作循环既适用于企业、各职能科室的质量管理活动，也适用于各车间的质量管理工作。PDCA 工作循环有以下要点：

首先，PDCA 是一个工作循环，而且是一个前进的环。每转一圈，应提高一步。如同爬楼梯似的，不断循环，不断提高。

其次，PDCA 各级都有。各级的 PDCA 形成了一个个大环、中环和小环。一环扣一环，一环带一环，环环推动，使整个企业和车间的 PDCA 循环转动起来。

再次，PDCA 能够循环转动、不断提高的关键，一般认为在 A 阶段，即总结、处理阶段。

（2）PDCA 工作循环需要按照严格的步骤进行。PDCA 工作循环阶段如下：

第一，计划阶段。人们在工作的开始，首先就要进行认真的计划，即制定目标，设计实现目标的实施方法和技术路线。

在进行民航运输生产质量管理的过程中，首先要确定解决什么质量问题，要达到什么质量标准或目标。在分析现状、找出存在问题的基础上，提出解决方案。

事实上，前两个是提出问题和分析问题，后四个是解决问题的方案或措施。这里涉及的问题，显而易见，就是质量问题。

计划工作阶段的重要性在于，不是找出发现问题的方法，而是要找出避免出现问题的措施。

第二，实施阶段。这一阶段的任务就是执行解决问题的方案、措施或计划，按照生产要求，按质按量按期完成指定的任务。

第三，检查结果阶段。检查结果阶段的目的是，按照制订的生产计划和产品的各项指标，对生产情况进行考核。对存在的问题进行分析，找出原因。

第四，处理阶段。根据对生产情况的检查结果，总结经验，接受教训。

对于成功的经验，应用到新的生产过程中去。对于存在的问题，通过找出原因，提出解决方法，修改生产计划，以利于改善和提高生产质量。

这是一个反复进行、不断总结、不断提高的过程，直至达到目标要求。

4．对策表法

在通过各种方式找到产品中存在的不足之后，需要针对出现的问题制定相关对策，使各类问题得到妥善解决。对此，可以根据对数据的分析和计算，将对策制成表格，在表格中详细列出出现的问题及解决措施。采用对策表法可以将质量问题、主要负责人、具体解决措施、发生时间等信息罗列清晰。

5．分层法

分层法指在解决质量问题时，将总体分成若干层次，分别进行分析研究的方法。分层法是分析影响产品质量因素的方法，即把杂乱无章的数据和错综复杂的因素，按照目的、性质、来源等分类，再进行系统化、条理化处理，以便抓住主要矛盾，找到主要影响因素，从而采取相应的措施。

分层法可以与质量管理等其他常用方法联合使用，即可以形成分层排列图、分层相关图、分层控制图，等等。

影响产品质量的因素很多，需要将不同类型的影响因素进行分类记录。从影响较大的因素来看，生产环节中的相关人员、机器、操作方法等，都会对产品最终质量产生影响。针对各个影响因素进行细分，将相关人员的生理特征、心理特征进行详细记录；将机器型号、用途、生产模式进行记录；将操作方法中的操作者、计算方法、分析过程进行记录。通过对影响因素的剖析了解，可以更好地保证产品的生产质量。

6．相关图法

相关图又叫散布图，是把两个变量之间的相关关系，用直角坐标表示出来的图形。

在工业生产和科学试验中，常常遇到两个变量之间的关系问题：一种是两个变量之间为完全确定的函数关系，另一种是两个变量之间为不完全确定的函数关系。

对于相关有不完全确定关系的两个测定值 X 和 Y，Y 随 X 的变化而相应地变化，就称 X 与 Y 有相关关系或相关。人们用统计方法来判断它们之间是否存在着相关关系的方法，就叫相关分析法。

7．调查表法

调查表法主要是运用画图、做表格的方式进行各类检查工作的记录。将调查研究得来的结论运用计算公式、数据整理的方式进行图表绘制。全面质量管理通过调查表的方式得到实施空间。常用方法如下。

（1）缺陷位置调查表。缺陷位置调查表是将产品、零件的形状画在图纸上，将实物的缺陷按分布位置相应地在图形上进行统计。

（2）不良品原因调查表。不良品原因调查表将不良品或者废品原因进行分类，统计在表中。

（3）工序内在质量特性分布调查表，如机械加工零件工序尺寸频数分布调查表。如果将调查表与分层法联合使用，就会使影响产品质量的原因显示得更清楚。

二、6σ管理法在航空服务质量控制中的应用

希腊字母 σ 在统计学中常用来表达数据的离散程度，即标准差。6σ 先是一

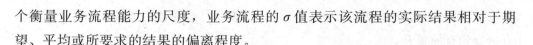

个衡量业务流程能力的尺度，业务流程的σ值表示该流程的实际结果相对于期望、平均或所要求的结果的偏离程度。

（一）6σ管理理念

6σ管理并不是一个全新的方法和理念，在它的理念中有一些是建立在常识的基础上，有一些是最新管理思想的结果。6σ管理核心理念如下：

第一，坚持用户至上原则。在6σ管理结构中，重点环节是关注用户的感受。在这一体系中，主要是将用户的切身利益摆在首位，通过调查方式对用户使用感受进行了解，用户的满意程度直接影响产品的社会价值。在这个体系中，无论是哪一环节，都需要以顾客的良好感受作为开展工作的前提条件。

第二，针对大数据制定管理方法。这一体系主要是从绩效标准制定相关的管理方法，然后通过计算机将整理的数据和资料进行有效整合，通过信息化和网络化手段，为企业谋求更大的经济效益。

第三，注重产品质量的生产过程。6σ的管理体系注重对生产环节的细节把控，需要对生产环节中的主要问题加以重视，并找到问题原因，制定详细对策进行产品质量生产管理。

第四，不断寻求合作机会。这一体系中的组织模式主要是以协作方式进行沟通交流，在协作过程中需要注重双方的利益平衡。不能只注重自身利益而忽视合作伙伴的利益，需要在相互理解基础上建立友好的合作关系。

第五，具备自主管理的能力。这一体系的优势在于进行自主管理，并针对社会变化形式，制定与之相符合的管理体系。需要自主调节自身发展需求，才可以顺应时代发展，获得良好的效果。

第六，摆正自身心态。由于6σ的管理方式处于不断创新和优化的过程中，有失败的风险，因此企业需要具有面对失败和挫折的能力，需要针对可预见的风险进行规避和削减，优化自身管理方式，不断发展适合时代要求和用户心理要求的管理方法。企业应当具有创新意识和创新能力，具备超越其他企业的雄心和斗志，从而走向成功。

（二）6σ管理与全面质量管理的异同

将全面质量管理方式运用到产品生产中，是在节约成本的基础上，为消费者提供最好的服务水平和产品使用感受。这种管理模式主要强调产品质量的保障，针对产品的生产环节、销售环节及服务环节严格把控，并且针对与产品接触的相关人员及设施进行严格管理，使接触产品的各项因素具有质量保证，使产品整体质量得到有效提升。

6σ 的管理模式将全面质量管理的精髓融入管理模式中，通过不断探索与研究，使其形成完善的系统，指导企业进行全面质量管理。通过参考 6σ 的管理模式，可以使企业获得较为完善的生产制造过程及售后服务管理，为消费者带来更好的消费体验。

（三）6σ 管理在航空公司中的应用

航空公司要在激烈的市场竞争中赢得一席之地，应当顺应时代发展，给予乘客更高质量的服务及更好的航空体验。只有树立品牌优势，才可以在激烈的市场竞争中不被淘汰，并获得较高的经济效益。

结合 6σ 的管理模式，可以使航空公司建立更为科学的管理机制。航空公司注重对乘客体验及乘客需求的了解，制定符合乘客要求的航空服务，使乘客感受到航空服务人员的专业与态度，从而更加信任航空公司，为航空公司积累信任用户，有利于企业长远发展。

航空公司的服务流程较为繁琐，需要管理人员针对每一个部门进行单独专业的监管，并将各部门之间进行独立管理，以防部门之间产生内部关系错乱，导致航空公司内部管理混乱，从而带给用户较差的航行体验。在选择航空公司的过程中，人们主要关注的是安全性、服务性以及性价比。安全是人们选择航空公司的首要因素，只有保障人身安全的航空公司，才可以具备运行条件，并且在保证安全的前提下，为乘客提供满意的服务。对此，需要航空公司针对航空人员进行专业技能及礼仪方面的培训，使乘客获得良好的航行体验。乘客出行的成本也是选择航空公司的重要影响因素之一，只有服务态度好且价格相对合理的航空公司，才可以成为大众的首选。

航空公司非常注重工作人员的专业性与服务态度，通常对员工进行专业知识的培训。运用 6σ 的管理培训方式，规范员工的行为，使员工具备专业能力以及良好的服务态度，为航空公司带来潜在的经济效益。

航空公司将 6σ 的管理模式作为培养员工能力的核心方案，并针对不同部门的员工进行培训模式，使员工具备专业能力及良好的服务态度，并为航空公司的发展带来长远效益。

全方位地看待航空公司的内部运营思维，了解到实施 6σ 的管理项目，进行整体规划，并获得实施 6σ 项目以及基于项目管理思想的总体规划方案。

第二节 航空货物运输的装载管理与优化

伴随全球化进程和电子商务的加速发展，以及国内航空货运政策体系的逐步完善和成熟，航空货运业的发展势头迅猛，潜力巨大，市场对航空货运产品的需求也与日俱增。与航空货运的安全性高、时效性快的优势紧密相连的是其居高不下的营运成本和越来越激烈的市场竞争。优化货物装载管理，提高装载率，是货运航空公司降低单位货物的运营成本，提升企业竞争力，保持可持续发展必须考虑的重要方面。

一、增加装载率的具体衡量指标

航空公司可以从效益、成本、实施难度、可持续发展与获得管理层支持方面考虑，最终确定从装载率指标、辅助装载设备、装载人员的人力资源管理等方面，有针对性地构建解决方案，优化货物装载管理，从而提高装载率。

集装器的装载重量是装载人员在装载作业现场可以直观看到的指标，每个集装器在送出停机坪之前都需要称重，装载质量的好坏直接影响装载重量。因此，建议使用集装器的平均装载重量作为指标，并结合现场测试和历史记录提供每个集装器类型的装载重量目标值，为装载人员提供作业引导，也为装载管理人员管理所属装载团队的装载表现提供更易于沟通的标准。

"平均装载重量"计算的是某个目的地的所有集装器某一天的平均装载重量，由于每个装载团队负责的是一到两个目的地站点的装载作业，这一操作报告能够清楚地体现与重量装载率最相关的装载重量的表现趋势。

二、运用辅助装载设备

针对集装器辅助装载设备配备不足的问题，可以考虑的是能否将放置集装器的固定操作平台改造成升降式平台，帮助装载人员在集装器装载过程中通过调节平台的高低保持对整个装载空间的可视性。然而改造十条操作平台将耗费大量的资金和时间，并不是可供选择的短期方案。因此，简单快捷的方法是使用工具提高装载人员的高度。可定制铁制 80cm 高的两层踩踏式垫高凳，装载人员在每个集装器装载后期借助垫高凳安全地将小件包裹装入大型集装器的顶部空间。辅助垫高凳从客观上移除了操作人员对大型集装器上层空间的盲视。

具体优化措施包括五个方面：第一，设定规则为装载人员在装载高出本人身高 30cm 以上的大型集装器时，必须使用辅助垫高凳查看集装器上层空间并确保上层空间货物摆放紧凑；第二，操作经理必须在每日工作前会议上，与装载人员强调使用辅助垫高凳的规则以及如何安全地使用辅助垫高凳；第三，操作经理在集装器装载现场监控辅助垫高凳的使用情况，并在每周或每月的例行会议中，分享装载人员反馈以及使用情况以做出可能需要的调整；第四，负责航班配载的经理安排航班配载人员，以装载第三方的角色，到装载现场察看主要的大型集装器的装载情况，并拍照记录和及时反馈给相关操作经理；第五，按照不同的操作经理所属团队，计算每月的平均集装器装载重量，制作计分卡，用集装器的平均装载重量作为评定该措施结果的控制计划。

三、完善装载人员人力资源管理

基于装载人员的绩效考核和培训两方面的人力资源管理问题，转运中心可以从完善绩效考核和开展补充培训两方面进行优化和实施。

（1）针对集装器装载人员的绩效考核标准不完善的问题，建议把集装器装载重量这一对装载人员清晰可见的指标作为装载人员绩效考核的考核标准之一，以期激励操作人员提高主观能动性，重视并实践有益于提高装载率的行动。为了鼓励团队合作，建议将这一指标在初期设置为转运中心的团队绩效考核指标。在不增加人力资源成本的前提下对转运中心装载人员的绩效考核标准做出微调，不仅可以优化人力资源管理，也容易得到高级管理层的批准。

（2）针对集装器装载人员培训不到位，所有培训都只强调安全相关的意识，缺失了与装载重量或空间利用率有关的意识强化和技巧培训的问题，公司培训部应该开发有别于公司原有的 T 形堆垛课程的集装器装载培训课程，并建议所有操作人员在接受安全相关的培训之后才能参加集装器装载培训补充课程，从而更好地将安全和装载率意识融合到装载作业中。

这一培训以及后续对新入职员工开展的集装器装载培训课程应该涵盖五项内容：第一，灌输和强化装载人员对装载重量和质量的意识；第二，教导装载人员在操作高峰期来到前利用辅助垫高凳充分利用集装器的上层空间，避免浪费；第三，教导装载人员利用形状规则的小货填充货物间隙和集装器边角位置，提高装载重量和空间利用率；第四，通过视频和经验分享的方式引导装载人员在集装器的内层空间做好 T 型堆垛，提升集装器装载重量和质量；第五，灌输和强化操作经理对装载人员提升装载质量行动的监控和及时认可、提醒、沟通与反馈。

同时，在新的集装器装载培训和每年一次的复训考试中，加入对每位操作经理负责目的地的集装器的目标重量值的提示，确保操作经理对装载人员进行持续的意识强化和监督。

这一补充培训旨在改善装载人员的作业习惯，确保所有装载人员明晰装载质量是企业的关注点之一，也是管理人员日常监督的关键。

四、引入最优集装器组合

针对特殊集装器被忽视影响舱位配载最优化和装载率的问题，在综合考虑重要程度、安全性和效益之后，建议将最优的集装器组合引入转运中心日常配载作业要求，例如，对波音767飞机的上舱，对称排列方法相比集装器数量更多的非对称排列方法，不仅可以节省装载人员频繁置换集装器和准备随机文件的时间，而且可允许载重量和可利用空间更大，对提升舱位利用率和节省地面作业时间均有帮助。因此，优化方案建议将上舱的对称排列方法引入对波音767航班配载人员的作业要求中，对上一航段转运进港的不兼容集装器，在时间允许的前提下置换集装器优化出港航班的舱位配载。

最优集装器组合对做装载计划的航班配载人员基本没有困难，他们需要的是研读每一种机型的复杂的操作手册，持续研究对应机型的最优组合并尽可能为装载人员提供支持。对于集装器装载人员，他们可能会碰到一些障碍。

为了保障装载人员能够遵循最优集装器组合的装载要求，建议采取三项措施。第一，航班配载团队应该设置专人负责监控每日在转运中心的集装器动态库存，及时与集装器管理团队协调补充所需要的集装器；第二，对上一航站中转到波音767出港航班的非AAD集装器，如果不能装载到机头或机尾的特殊位置，航班配载需要在转运时间允许的情况下安排替换集装器，对由于时间限制不能替换集装器的情况，需要在操作报告中注明，用以督促航班配载协调集装器的置换；第三，最优集装器的推行还需要地面操作设备的支持，提高整体装载率，同时减少货物滞留，提高客户满意度。

五、平衡不同航线的航班准点率

针对装载率与航班准点率存在冲突的问题，准点率是航空公司重要的指标之一，然而公司的要求可以适度降低以平衡装载率的优化，尤其是对某几条准点率远远高于民航局标准的航线。这是一个在不牺牲公司绩效和保证合规性的前提下，通过平衡不同航线的航班准点率最大化资源利用的方法。

针对整体达标的航线，可以要求转运中心的中央控制室与公司的地区航线运营中心定期分享准点率的情况，并协调确定后续一段时间可以放松离港延误申请的航线，从而为装载人员争取到更多时间。负责装载作业的操作经理获取信息之后可以有的放矢地申请航班延迟，地区航线运营中心也可以结合当前该航线的准点率和航路天气问题等影响因素决定是否批准航班延迟申请。

平衡不同航线的准点率时，还应该考虑不同航线的特点。以中国广州飞往美国安克雷奇航线为例，航班准点率不到50%，而该条航线的滞留货量有时候高达两万磅，同时航班上仍然装载有不满的集装器，影响该航线实现装载率最优的目标。原因是，装载时间是一个很大的限制。该航线每周一次班机，计划出港时间是周日凌晨00：50。大部分舱位装载的都是周五取件的经广州口岸出口到美国的货物，包含快件类货物和需要向海关正式申报的高价值货物，客户对时效性的要求很高。为了保持服务在市场上的竞争力，航空公司站点收取货物的截止时间较晚，货物到达转运中心以后的分拣和装载时间有限。出口货物清关过程中可能遇到的例行海关布控查验以及海关系统故障等异常，进一步压缩了货物装载时间。因此，该航线通常需要30～60分钟的延迟才能保证大部分海关查验后放行的货物能够被装载上航班。这与航班准点率存在明显的冲突。根据该航线的特殊性，在经过各方面评估以后，研究认为该航线可以将计划离港时刻延后1小时，以达到优化货物装载的同时保证航班准点率。该航线存在延后计划离港时刻1小时的条件包括：航班到达安克雷奇之后有超过4小时的飞机停场时间；货物的分拣作业由于周末缘故，在航班到达后的2小时内没有安排。但调整航班的计划离港时刻需要内外部的审批和支持，例如航空公司需要在提交下一个季度的航班时刻备案时向民航局申请并获得延后出港时段的审批，并且需要得到公司总部负责安排航员飞行任务的团队支持。

为了进一步分析调整中国广州飞往美国安克雷奇航线的计划离港时刻的可行性，需要与相关的团队讨论和协调，确认包括目的地站点的装载作业、航员安排、货物派件、飞机停场时间等是否都能够支持这一航班离港时刻的调整。在民航局的备案审批方面，经过与公司相关部门的确认，延后1小时的时刻由于航路拥挤可能无法在下一个季度审批，但是延后2小时可以获得审批。在评估了内部流程和影响之后，建议将该航线的计划离港时间延后 2 小时。其他航线，尤其是离港时间在星期六和星期日凌晨的航线，考虑到大部分国家和地区没有周末派件承诺，可以适当参考中国广州飞往美国安克雷奇航线的做法。

一方面，尽管出口货物的通关时效容易受到海关查验率、贸易政策和贸易壁垒等大环境的影响，不确定性因素很多；另一方面，航班可能受到航路天气问题、目的地机场宵禁和空中交通管制等特殊情况的影响需要缩短地面作业的时间。但是有些航空公司仍然可以不定期评估形势，在不影响客户体验的前提下做内部调整，以平衡不同航线的准点率为参考适度申请一些航线的延误或调整航线的离港时间为装载作业争取更多时间，抓住每一个提高装载率的机会。

第三节　航空运输管理中的组织流程与货源组织

随着当今国际化进程的加快，各国之间的贸易往来更加频繁，国际间客货运输量不断增大。为了使用户可以获得更好的服务体验，航空运输人员不仅需要对本国的运输流程有清晰的了解，还要熟练掌握国外运输流程，才能为用户带来更好的体验。在发展航空运输业的过程中，要针对不同的路程、地形制定不同形式的运输方式，不仅可以节约成本，还可以使货物尽快到达目的地，保障货物的经济效益和质量品质不受损害，并且为收件人带来良好的运输体验。

一、航空运输生产的组织流程

航空运输管理需要具备专业知识的人员，并且在上岗之前需要熟悉航空公司的内部生产组织结构，避免在进行货物运输的过程中产生重大失误，给航空公司及人们的安全造成严重影响。因此，航空管理运输人员不仅需要对企业内部结构有清楚的了解，还应当对航空运输所在地的地理环境、社会环境有较清晰的了解，因为只有清楚了解所在航空公司的运输环境，才能避免运输途中出现错误。

随着当今国际化进程的加快，各国之间的贸易往来更加频繁，国际间客货运输量不断增大。为了使用户获得更好的服务体验，航空运输人员不仅需要对本国的运输流程有清晰的了解，还要熟练掌握国外运输流程，才能为用户带来更好的体验。

　　针对运输过程中出现的问题，航空运输人员应当具备解决突发事件的能力，及时将货物运送到收件人所在地，以免为用户带来不必要的经济损失。

　　国际航空运输与国内航空运输流程存在相同性，都是将货物打包、运输，安全送到收货人的所在地。在运输过程中，航空运输公司应该实时更新物流信息，使收件人对快递消息有清晰的了解。

　　航空公司针对国际货物运输方面的业务，主要包括出口业务与进口业务。出口业务指由国内作为发件地运往国外。进口业务是承接国外的国际运输公司所托运的货物并进行签收。图 4-1 为航空运输与管控的详细过程。

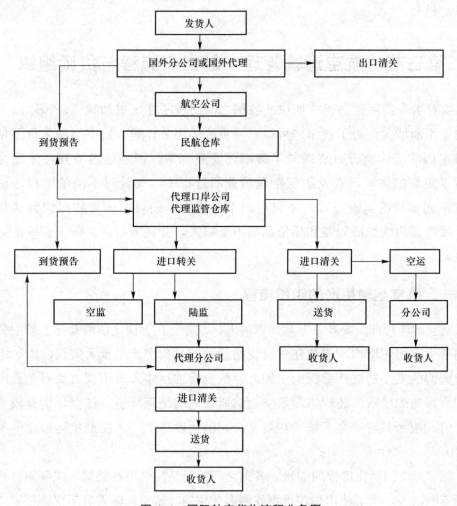

图 4-1　国际航空货物流程业务图

国际货物运输的出口业务流程主要包含两大部分，即航空货物出口运输业务程序和航空公司出港货物的操作程序。只有熟悉航空公司出港货物的操作程序，才能清楚货物在航空公司的运输及转运过程，了解容易出现错误的环节。

由于航空货物运输发展的不同阶段，货运流程呈现出不同特征。在中国，目前的航空货运实践中，各个区域航空货物发展程度相差较大，流程也不尽相同，以上主要选取航空货运发展中最为成熟的区域流程作为样板，其他地区虽然流程有所不同，但核心流程不可缺少。

二、航空运输生产中的货源组织

将货物进行运输的过程是将生产与销售两个环节相互连接的过程，通过货物运输方式，将生产部门的产品运往销售部门，使商品流入市场，并产生社会价值，为企业及个人都带来一定的经济效益，促使社会经济发展。

随着我国经济的快速发展、社会的不断进步，商品实现跨区域销售，意味着货物运输业发展是未来社会发展的必然趋势，因此应当大力发展运输业，带动经济发展。在发展运输业过程中，需要针对不同的路程、地形制定不同形式的运输方式，不仅可以节约成本，还可以使货物尽快到达目的地，保障货物的经济效益和质量品质不受损害，并且为收件人带来良好的运输体验。

货源与货流是两个不同的概念，货源是静态的，货流是动态的。

货源是运输货物的来源，由货种的结构和货物的数量构成，其中货种结构即货物的组成，与机械设备的选用有关，而货物的数量与运输工具和航站有关。

货流由货物的种类、货物的流量和流向以及货物的运距组成。

货源是货物运输的基础，有货源不一定有货流，无货流就谈不上运输，但有货流必定有货源。因此，货源组织是货物运输的基础工作之一。

（一）货流的影响因素

1. 经济环境因素

货物运输受到经济环境的影响。国际货物运输不仅受到国内经济环境的影响，还会受到国际金融变化的影响。随着当今经济发展，国际化进程加快，国与国之间的商贸活动越来越频繁，货物流动也从国内范围发展到世界范围，要使货物流通更为顺利，航空运输企业应当了解国内的经济环境及国际经济环境，并且时刻关注世界经济的变动，从而制订合适的货物流通计划。

2．自然资源分布与产业布局因素

不同地区有着独特的自然资源，这些自然资源是无法进行人为搬运的，只能通过就地采取的方式加以利用。针对运输业，运输对象包括自然资源，如木材、石油及矿物质等，要求生产基地与销售基地之间具有便利的交通条件和发达的通信条件，通过运输方式将原产地的自然资源运往销售地，从而带来一定的经济效益。通过调整产业布局结构，形成完善的物流运输系统，为当地人们及销售地的人们带来巨大的经济效益，并且完善的运输体系也可以减少运输成本，创造更高的收益。

3．商品的消费水平与消费结构的变化因素

货物运输运往的销售地直接决定商品未来的发展市场，因此，航空企业在对销售地进行选择时，应当充分考虑当地人们的生活水平及物质需求，将适合的货物运输到适合的市场，使资源得到合理利用，并创造更高的经济价值。相较于内陆地区，部分沿海地区经济发展较快，人们具有较强的购买力。对此，可以将先进技术产品运往当地，为企业带来更为广阔的发展市场，使人们的生活水平得到提升，并促进经济发展。

4．货流的季节变迁因素

季节变化对运输产品的品种产生一定影响。一些产品需要在特定的气候与温度下才可以生产，因此，对货物进行运输时需要考虑季节因素，例如蔬菜、水果是独特气候地区特有的产物，其他地方无法耕种和培育，需要在运输过程中衡量产品数量，保障一年四季都可以为人们提供供给。同时，一些食品的保鲜时间较长，可以通过冷链物流等方式，使其保持新鲜度。

5．政府政策因素

运输方式受到政策因素影响，由于地区之间经济发展水平不同，所执行的政策也存在区别。政府发布的不同法规，会对商品运输产生一定限制或扶持作用。企业应当合理运用政策变化，使商品得到更好地运输与销售。

政策因素不仅对货物运输的方式及生产结构产生影响，而且对货物的品种及流向市场带来影响作用。

（二）货流的分布与特点

（1）国际货源市场。国际航空运输与世界金融变化具有密切关系。随着全球商贸活动的逐渐加强，国际货物运输行业也得到较大的发展。在国际间进行货物运输受到多国经济因素影响，因此造成货物运输效果不均的特征。

（2）国内货源分布。随着我国经济的快速发展，商品实现跨区域销售。要使我国的运输业有良好的发展前景，要求我国针对国内货物分布有清楚的划分，并且建立便利的交通网络，使货物运输时效快、成本低，从而为人们的生活水平提供更高的保障，并且促进全国经济发展。

由于我国内陆地区与沿海地区的经济发达程度不同，生产的商品种类也存在差异，因此在货物品种分布上呈现出不同特征。内陆地区主要运输国内货物，而沿海地区具有港口优势，可以与国际形成密切联系，进行国际方式的运输。

（三）货源的吸引原理与方法

1. 货源的吸引原理

从市场运作等角度来看，国内的运输企业想要留住更多的货源，与外资企业抗衡，一个有效的方法就是增加行业的进入壁垒。

从整个运输产业的角度来看，货源的规范化管理和有效调控工作还比较薄弱，在目前的经营行为整顿中遇到的一个比较棘手的问题就是货源的合理分配问题。实现对货源的有效控制，其前提条件就是组织保证。

要使货物运输具备规范性，应当按照自上而下的方式进行制度管理改革。各地区应遵循政府制定的规则，在运输过程中保障货物质量的及时性，为人们带来良好的运输体验。国家为支持运输业发展，应继续改善各地的交通情况，使之具备良好的物质基础，从而支撑运输业的发展。

2. 货源吸引的方法

对于主管部门而言，吸引货源的具体做法如下：

（1）对管辖区内的货源开展调查研究，掌握进出管辖区货源的分布、品种、数量、流向等，以及市场上存在的突出问题。

（2）在调查研究的基础上按照货源的不同属性，划分管理层次和对象。

对抢险救灾、军用战备以及关系国计民生的重点物资，一般属于指令性计划范畴，统一运调制度，合理安排运力，保证完成运输任务。

对大宗物资、集散物资、重点工程以及厂矿企业的运输物资，纳入指导性计划管理，以专业运输企业承运为主，实行计划指导下的合同运输。

对列入指令性、指导性计划管理的物资部门，实行重点管理，使其按期报送货物运输计划，并监督、检查任务和合同的执行。

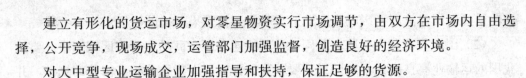

建立有形化的货运市场，对零星物资实行市场调节，由双方在市场内自由选择，公开竞争，现场成交，运管部门加强监督，创造良好的经济环境。

对大中型专业运输企业加强指导和扶持，保证足够的货源。

第五章　航空货物运输的市场营销环境

第一节　市场与市场营销

一、市场与市场的类型

（一）市场

市场可以从多角度理解，不同的场合市场的含义不一样。下面从不同角度来认识市场。

（1）市场是买卖双方进行交换的场所。这是传统意义的市场。在这里，市场是一个地理概念，在市场里买主和卖主聚集在一起进行交换。日常生活中的菜市场和超市就是指这个含义。

（2）市场是商品交换关系的总和，包括商品交换的领域、场所、买主、卖主及双方交易规则。这是从整个交换活动的角度提出的市场，是对市场所作的一般性、宏观性的理解。

（3）市场是指具有特定需要和欲望，而且能够通过交换来满足这种需要和欲望的全部潜在和现实的购买者的总和。这里，现实的买方是指已经购买过企业产品或服务的买方，潜在的买方是指将来可能购买本企业产品或服务的买方。将买方作为市场是从企业卖主的角度提出来的，企业关心的是谁买它的产品。

当人们说"某一产品的市场很大"，这里的市场就是指购买这种产品的潜在和现实的购买者很多，实际上就是说这种产品的需求量很大。企业销售人员经常谈及的，如健身市场、手机市场、老年市场和南方市场，都是用市场来概括各种不同的买主群体。对一家航空公司来说，它的客运市场主要由那些选择这家航空公司出行的潜在的和现实的购买者组成，它的货运市场主要由那些选择这家航空公司进行货物运输的潜在和现实的购买者组成。

前面提到，将买方作为市场是从卖方的角度提出来的，卖方关注的是买方的购买行为，这有利于卖方有效地开展市场营销活动。因而，市场营销所说的市场就是这种含义的市场。

市场的构成要素主要包括三个：第一，购买者。购买者包括人口和组织。人口是构成市场最基本的条件，没有人就不存在消费市场。购买力虽然很大，但人口很少，则不能构成容量很大的消费市场。组织包括生产企业、中间商和非营利组织，没有这些组织的购买，则形成不了产业市场。第二，购买能力。购买能力是顾客购买商品的支付能力。人口再多，但收入很低，人均购买能力有限，也不能成为很大的市场。第三，购买欲望。欲望是指具体满足物的愿望，就是顾客购买商品的愿望。人口再多，购买力水平再高，如果产品不能引起人们的购买欲望，对销售者来说，仍然不能成为现实的市场。

总之，市场的这三个因素是缺一不可的，缺少了任一因素都形成不了购买，只有三者结合起来才能构成现实的市场。

（二）市场类型

为进一步研究市场，有必要对市场进行分类。市场营销学主要是根据谁在市场上购买，而不是根据购买者在市场上购买商品或服务的种类来对市场进行划分的。市场按购买者的购买目的、地理环境、人口构成、消费水平等各种不同的标志，可以做各种不同的分类。

购买者在购买商品的过程中，得到的使用效果是不同的。根据人们的购买意愿，可以将市场划分为消费者市场及组织市场。消费者市场指顾客为满足自身需求及心理需求而购买商品所获得的满足感。在社会生产过程中，消费者购买商品是商品进行销售的最后一步，也是商品流入市场并流出市场的标志性事件。

组织市场相较于消费者市场所具有的特征为购买对象是社会团体及商业机构，而非个人进行的消费行为。组织市场中流通的货物，是通过二次转销的方式获得商品的满足及服务需求。为了使其公共服务达到一定标准，需要发展壮大组织市场规模。因此，从企业的发展角度来看，可以将组织市场分为生产者市场、二次销售市场及公益组织市场。三种市场类型中，最重要的是生产者市场，这一市场的发展可以为企业带来丰厚的经济效益。

消费者市场和组织市场的构成不同，有着不同的购买目的，因此，在购买行为方面差异较大。

航空公司有客运和货运业务之分，这两种业务面临的市场性质不同，航空客运市场中的公务旅行市场和航空货运市场是典型的组织市场，而航空客运市场中的休闲旅行市场则是典型的消费者市场（岳鹏飞，2010）。

二、市场营销与市场营销策略

（一）市场营销的界定

20世纪初期，美国学术界首次提出并倡导市场营销理论。经过多年实践，初期以产品为中心的市场营销理论逐步转型升级为以消费者需求为中心的先进营销理论。1960年，美国营销协会对市场营销概念进行了如下解读：引导产品或服务由生产端趋向消费端的各环节企业活动即市场营销。这表明，市场营销实质上是生产—销售过程。1985年，美国营销协会再次深化市场营销的定义，认为创造价值，向客户提供价值，维护客户关系，提高利益相关者收益的一系列活动即市场营销。

从本质上看，市场营销实际上是社会管理过程。在该过程中，个体与集体负责主要生产、销售产品，与他者自由交换价值，进而满足自身需求。即市场营销的核心并不只是销售，其更强调现代企业要在市场分析基础上，立足客户需求视角优化和丰富产品设计，改善市场营销，以推动产品稳步有序对外销售，继而以此占有更理想的市场份额。

（二）市场营销策略的界定

市场营销策略是指在市场营销过程中采取的方法，包括产品、价格、营销渠道、营销方式、人员安排、资金投入、物资保障等内容。个体与组织创造、出售产品，与他者自由交换产品以换取所需之物的一系列社会性过程即市场营销。这也是最受学术界与实务界认可的市场营销定义。随着市场营销研究逐步深入，传统4Ps理论逐步转变成4Cs理论。所谓4Cs理论，即立足消费者视角，了解消费者需求、成本支付能力、便利性、互动需求等再进行营销的理论。据此可知，该理论的关键立足点是消费者态度。随后，经过多年深化，在此基础上延伸出4rs理论，该理论主要包含四大要素，分别是关联、反应、关系和回报。以上理论随着时代发展变化不断更新，有力地指导了企业的营销实践，推动了社会向前进步。

市场营销策略有不同的方式和方法，此处认为市场营销策略是指为了开展市场营销活动而在产品、价格、渠道、促销、人员、资金和物力等方面制定的营销活动的具体方案。

（三）市场营销策略的影响因素

贯彻落实新营销方案以实现预期目标时，必然有多种因素渗入并干扰。故而营销决策者要高度重视与营销有关的各种影响要素，分析各要素产生的营销影响，进而再针对性地优化、改进营销策略。通常，易对营销策略产生较大影响的因素如图 5-1 所示。

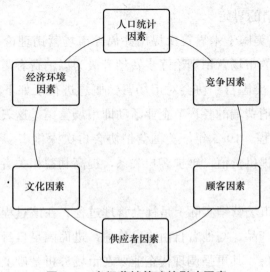

图 5-1　市场营销策略的影响因素

（1）人口统计因素。人口统计因素主要指劳动力要素总和，具体包括人口数量、人口密度、人口分布、人口搬迁变化规律等。这些因素均极大程度地影响着社会的发展。作为宏观因素，人口统计因素是市场细分的主要依据，能指导营销人员相对较准确地掌握消费者的偏好与消费频率。

（2）经济环境因素。经济环境因素对营销活动产生直接性影响。市场由多种不同人口共同形成，这些人口通常都具备经济购买力。通常而言，经济购买力直接影响着市场形成速度与市场规模，间接影响着直接经济水平。具体来看，其包括消费者收入、消费者支出、市场消费结构、消费者信贷状况等要素。

（3）文化因素。文化是一种特殊的社会形态，包括思想、情感、信念等内容。不管社会性质下的社会形态一般不同，其消费者行为方式不同。因此，现代营销要注重考虑文化因素，分析文化因素对消费行为的影响。

（4）供应者因素。货物供应及时，材料稳定，零部件丰富，能源到位，机器设备完好是企业高效开展营销活动的重要前提。其中，货物供应会改变货物价格，间接影响企业产品成本；货物质量影响到产品质量，直接影响企业经济收益以及市场信誉。

（5）顾客因素。顾客主要指消费产品或劳务的人员，也是企业开展市场营销活动最期望捕获的对象。从市场角度来看，顾客是真正的市场主体。企业产品与服务只有被客户认可，才能在市场上站稳脚跟，并实现长期发展。所以，现代营销理论强调，必须高度重视满足客户需求，即要从客户需求、消费偏好、消费欲望等角度出发制定和贯彻营销策略。

（6）竞争因素。企业若要打败竞争对手，获得更大的营销成功，必须充分满足客户需要。任何企业，其市场营销都受到竞争对手影响，所以在实际营销过程中，企业要积极深入研究竞争对手，了解对手的市场现状及其营销策略，再比对分析自身与他者的优劣势，有针对性地扬长避短，进而提高自身产品在消费者心中的地位。

第二节　我国航空货运市场分析

航空货运的发展对我国有重要的影响。在发展过程中，国家的扶持政策，经济发展，进出口贸易增长，航空货运高利润等因素都对航空货运产生一定的影响。为了加快中国航空货运的发展，民航局印发多种相关政策文件，从最初的放宽国内航空货运市场准入，到进一步完善国内航空货运市场价格体系，再到之后的加快航空货运运输速度，提升服务功能与质量，建立并逐步完善航空货运市场监管机制。这些政策更好地保障了航空货运市场的良好运行和快速发展。

2020 年，在新型冠状病毒肺炎疫情的严峻形势下，全行业明确了"保安全运行、保应急运输、保风险可控、保精细施策"的防控工作要求，准确把握疫情形势变化，科学决策，创造性应对，因时因势精准施策，统筹推进疫情防控和安全发展，中国民航在全球率先触底反弹，国内航空运输市场成为全球恢复最快、运行最好的航空市场。

一、货邮运输量有所下降

2020 年，全行业完成运输总周转量 798.51 亿吨公里，比上年下降 38.3%。

国内航线完成货邮周转量 67.87 亿吨公里，比上年下降 13.6%，其中，港澳台航线完成 2.07 亿吨公里，比上年下降 26.4%；国际航线完成货邮周转量 172.33 亿吨公里，比上年下降 6.7%。

2020 年，全行业完成货邮运输量 676.61 万吨，比上年下降 10.2%。国内航线完成货邮运输量 453.53 万吨，比上年下降 11.3%，其中，港澳台航线完成 17.58 万吨，比上年下降 20.9%；国际航线完成货邮运输量 223.07 万吨，比上年下降 7.8%。

二、航空货运业务结构增大

近年来，随着市场需要的快速提升以及快递行业的高速发展，我国邮政业务结构变化明显，邮政寄递服务业务规模增长缓慢，而快递业务规模高速发展。2013—2018，我国快递业务总量迅速增长，近两年增速虽有下降，但仍保持在 20% 以上的增长速度。2018 年，全年快递服务企业业务量完成 507.1 亿件，同比增长 26.6%。数据显示，2019 年，我国快递业务总量累计达到 635.2 亿件，同比增长 25.3%，增速连续三年保持在 20% ～ 30% 之间。

收入方面，2013—2019 年，快递行业业务收入同步提升，2018 年，全国快递业务收入完成 6038.4 亿元，同比增长 21.8%。2019 年，快递业务收入为 7497.8 亿元，较上年同期增长 24.2%，增速小幅提升。

从快递行业业务收入占邮政全行业收入比重来看，2013 年以来，随着我国快递行业的快速发展，快递业务在邮政全行业市场份额稳步提升，2013—2019 年，我国快递业务收入占邮政全行业收入比重由 56.6% 提升至 77.8%。

从业务量上看，2016—2020 年，我国各类快递业务量整体均呈增长趋势，其中，异地快递体量较大，增长也较为明显。2020 年，我国异地快递业务快速增长，全年异地快递业务量完成 693.6 亿件；同城快递业务小幅增长，全年同城快递业务量完成 121.7 亿件；国际 / 港澳台快递业务持续增长，全年国际 / 港澳台快递业务量完成 18.4 亿件。

2021 年 1—4 月，我国同城、异地、国际 / 港澳台快递业务量分别为 38.6 亿件、258.4 亿件、7.3 亿件。2021 年，伴随着国内经济的复苏，电商经济的加快发展以及物流体系特别是农村物流基础设施的不断完善，我国快递行业仍将保持高速发展。2018 年，我国通过航空运送快递的总量超过 354 万吨，占据了航空货邮运输数量的 48% 左右。快递运输行业的增长速度比例在十年内比之前提高了 2 倍，并且航空货运的运输总额提高了将近 1 倍，航空运送快递的方式在空运中占据的比例越来越多，造成航空货运的结构性变化越发显著。相较于美国（航空快件比重 72% 以上），我国的航空快递运输还有很大的增长潜力。

三、进出口贸易带动航空货运发展

航空货物运输的大力发展也拉动我国进出口贸易额，促使我国经济快速发展，在进出口的商贸互动中，使我国航空货物运输获得更好地进步，为我国运输业带来新的发展机遇。航空运输是众多运输方式中盈利最高的运输方式，这是由于很多商品和货物只能采用航空方式运输，而航空运输的交通工具造价高，只能通过提高运输费用赚取利益。此外，航空运输方式具有时效快、质量高的特征，许多急件只能通过费用高额的航空运输达到目的。因此，航空货物运输的大力发展会为我国带来巨大的经济效益。航空运输的特征，可以为我国经济起到较大的拉动作用，而成本的降低、利润的提升，更加大了航空货运的发展。

四、运输机场的大力发展

航空公司运输货物有专门的运输基地，运输货物的机场可以为其提供便利的运输条件和多种多样的运输航线。一般来说，机场按照运输地的不同进行命名。机场应选在交通便利、经济发展好、商贸活动便捷的区域，有利于发展航空货物运输。

不同区域的经济发展与当地的航空运输有着密切联系，只有重视当地航空运输的进出口发展，才可以使当地的经济发展获得显著提升，并且不同区域的商贸产品存在差异，可以利用自身优势发展资源型产业和优势产业，从而促进经济发展。

"十四五"时期是民航节能减排向绿色发展转换升级的关键期、窗口期，民航局将注重眼前与长远相结合，有序推进航空运输深度脱碳，加快构建更为安全、更高质量、更有效率、更可持续的现代民航体系。

五、快递公司投资航空运输意愿凸显

目前，我国的快递公司迅猛发展，大多数的快递公司将目光放在航空运输领域。在邮政航空公司成立之后，顺丰、圆通等航空公司也相继成立，他们无论是在机队规模的发展，航线网络的完善，还是产品服务设计等方面，都走在我国快递航空公司的前列。此外，申通公司向我国的民航局递交了成立航空公司的申请书，顺丰公司建设了新的机场，标志着我国的快递行业成功进军机场行业。在现今我国快递行业竞争逐渐白热化的情况下，快递行业将业务范围布局在航空运输领域无疑是正确的选择。因为快递航空公司的母公司已经在快递业深耕多年，打通了航空快递产业链的上下游，随着快递航空公司投资航空领域的步伐不断加快，对高端快递货源的分流效应越发明显。

第三节　航空运输市场的营销环境分析

任何企业都是在不断变化的社会经济环境中运行的，都会受到社会经济环境的影响和制约。航空公司也不例外。航空公司的经营管理活动应适应环境的要求，通过对环境发展变化的分析来制订计划，并随时跟踪环境的发展变化，以保证现行的营销战略及策略对环境变化的适应。为此，航空公司应对其市场营销环境进行调研与分析。

航空公司市场营销环境是指影响航空公司市场营销活动及其目标实现的各种因素。航空公司的营销环境由微观环境和宏观环境构成，其微观环境就是对市场营销活动有直接影响的组织和群体，而宏观环境是那些主要通过影响微观环境而间接影响市场营销活动的因素。

一、微观环境

微观环境是指对航空公司服务其顾客的能力有直接影响的各种要素，包括供应商、营销中介、市场、竞争对手、社会公众，以及航空公司本身。微观环境是指直接影响市场营销活动的因素。

（一）供应商

航空公司的供应商与航空公司构成协作关系。航空公司供应商向航空公司提供为目标顾客服务所必需的飞机、零部件、能源、运行服务、劳动力等。供应商在提供产品和服务时在质量、价格等方面如果有变化，会影响航空公司的服务水平。航空公司有很多供应商，其中主要有飞机制造商、空中交通管制部门、机场公司和运营系统供应商。

航空公司的机队规划受到飞机制造商的影响。中国航空制造集中在中国航空工业集团有限公司。中国航空工业集团有限公司大力发展民用运输机产业，研制生产新舟 60、新舟 600、新舟 700 系列涡桨支线飞机，运 -8 飞机、运 -12 飞机、直 -9 直升机等多种机型，是 ARJ21 新支线客机的主要研制者和供应商，是大飞机重大专项的主力军。

空中交通管制部门和机场也是航空公司重要的供应商。空中交通管制部门提供空域内的空中交通管制服务、飞行情报服务和告警服务。机场向航空公司提供飞机和旅客过站服务。

运营系统供应商向航空公司的运营系统包括航空公司航班控制系统、分销系统、离港系统、收益管理系统等。

（二）顾客

顾客是企业市场营销的重点，是营销微观环境中最重要的。顾客需求变化，不仅要求企业以不同服务方式向目标市场提供不同的产品和服务，还有可能使企业在营销战略上进行重新调整。

（三）竞争者

市场营销观念表明，要想实现企业目标，企业就必须比竞争者更有效地满足顾客的需要和欲望。因此，企业在满足顾客的需要和欲望时还要分析竞争者，从而树立产品的鲜明特色，提高市场竞争力。

（四）公众

公众是指所有实际或潜在影响一个企业达到其营销目标的团体，主要包括政府机构（如工商管理部门）、金融机构（如银行、投资公司）、媒体机构（如报纸、杂志、广播和电视）、群众团体（如消费者协会、绿色环保组织）、地方居民（如企业所在地居民）、企业内部人员等公众。这些公众团体的活动对企业的营销活动产生一定的影响，企业必须搞好公共关系，遵纪守法，采取有效措施满足各方面公众的合理要求，开展一些力所能及的公益活动，努力塑造并保持企业良好的信誉和公众形象，使公众在企业经营活动中发挥积极的作用，为企业营销创造良好的环境。

（五）营销中介

营销中介是指为企业融通资金，推销产品，以及提供运输、储存、咨询、保险、广告、评估等种种便利营销活动的服务机构。营销中介主要指代理中间商和辅助商，辅助商包括运输公司、仓储公司、银行、保险公司、广告公司、市场咨询公司等，这些辅助商不直接经营产品和服务的企业或机构。航空公司的营销机构主要有代理中间商、保险公司、银行、广告公司和市场咨询公司。航空公司只有在动态变化中与这些力量建立稳定、有效的协作关系，才能更好地为目标顾客服务。

（六）企业内部环境

企业营销的第一种微观环境是企业的内部的环境。内部环境由存在于公司内部并且影响外部市场关系的各种要素构成。企业内部各个部门、各个管理层能否做到精神振奋、目标一致、分工科学、配合默契、监督有力，直接影响企业的营销管理决策和营销方案的实施。这一结论尤其适用于像航空公司这样的服务机构。航空公司市场营销人员只有了解内部环境，才能正确制订和实施营销计划。了解航空公司内部环境主要从以下方面考虑：

第一，公司发展战略。公司发展战略直接影响着市场营销战略的制定。找出一些战略问题的答案有助于制订合理的市场营销战略。

第二，生产经营状况。通常可通过相应问题来了解生产经营状况：航空公司的机队的现代化程度如何；它在已有航线或具有吸引力的航线上的运营能力如何；在起降时刻、航权以及已经建立的合作伙伴关系方面，拥有哪些有价值的资源；品牌形象和投诉状况如何；航空公司的市场占有率多大。

第三，财务状况。航空公司的资金情况、航线的盈利状况、融资情况，这些都会影响市场营销决策。

第四，人力资源状况。在做营销方案的时候，不得不考虑人力资源状况。比如，航空公司的客舱服务人员是否接受过专业培训并经验丰富，售票人员处理订座业务的速度是否高于行业平均水平。

二、宏观环境

航空公司与竞争者、供应商、营销中介、公众和顾客，都在一个更大的宏观环境中运作。这些不可控的因素既能创造机会，也会带来威胁。航空公司的宏观环境主要有六种力量，即政治法律环境、经济环境、人口环境、文化环境、技术环境和自然环境。

（一）政治法律环境

企业的营销活动必定受政治法律环境的规范和影响。政治法律环境由社会上各种组织和个人行为的政治形势和安定状况、法律、政府机构组成。影响航空业的政治法律要素主要有以下两个方面：

（1）政治形势和安定状况。只有政治稳定和社会安定，经济才会发展，人们才能安居乐业，航空运输业才会发展，否则就会阻碍航空业的发展。

（2）法律、法规和规章。在政治法律环境中，各种法律、法规和规章规范影响着航空公司市场营销活动，在开展市场营销活动时，必须纳入考虑范畴。企业营销中会遇到大量的法律、法规和规章，尤其是经济立法。经济立法旨在建立并维护社会的经济秩序，有些是为了保障企业的所有权，有些是为了维护合理的竞争关系，有些是为了保护消费者利益。有些法律是企业营销中应该了解的，如《合同法》《公司法》《商标法》《广告法》《反垄断法》《产品质量法》《对外贸易法》和《消费者权益保护法》等。

政策是一些相关法律、法规和规章的整体体现，航空公司在开展市场营销活动时必须考虑国家的有关政策。比如，影响旅游业的国家政策，移民、签证和护照的相关政策及航空运输政策。国家的航空运输政策是空运市场的政治法律环境的具体化。航空运输政策同财政政策、货币金融政策一样，成为国家宏观经济的重大政策之一。从各国航空运输政策发展来看，它正从开始的管制政策逐渐向不管制政策发展。

我国政府正在按照积极、有序、渐进的原则，分阶段推进航空运输市场的开放。

第一，机票价格的规定。我国票价体系最早是计划经济情况下的国家定价，2003 年民航体制改革后出台票价管理办法，规定票价在基准价的基础上可以上浮 25%，下浮 45%。目前，民航票价在独家直飞的省内航线上已经放开；在旅游城市方面，票价放开下限、管住上限；而多数的航线票价实行基准价上浮25%、下浮 45%。

第二，放宽对航班的限制。我国针对国内航空运输及管理实施宽松的管理政策。在操作得当的基础上，航班可以拥有较为自由的选择机会。航空机场针对不同城市的航班，实施分区域管理方式，并对不同级别的航班、航线实施核准管理政策。比如，北京、上海、广东在航空运输过程中不需要进行过于烦琐的审核，因为三个地区的大型机场，其航线是经过许可的，其他区域的机场在进行航线运行过程中，需要登记经营许可的航线，便于民航局的管理和督查。

第三，飞机引进。按照《民航局运输飞机引进管理办法》，民航局对全行业飞机引进工作进行管理。管理局对辖区内申请人飞机引进工作进行评估和监督。

（二）经济环境

影响企业营销的最主要经济环境力量是社会购买力。影响社会购买力的主要因素有经济增长水平、通货膨胀、汇率、居民收入、储蓄状况、消费信贷及居民消费支出构成。

1. 经济增长水平

经济发展快，人均收入高，则社会购买力大，市场需求大；反之，经济衰退，市场规模缩小，会给企业营销带来威胁。较之其他行业，经济活动对航空运输业会产生更大的影响。随着经济的增长，航空公务旅行市场需求有所增加。另外，随着经济增长，航空货运需求随之增长。我国的国民经济发展迅速，经济增长期和停滞期交替出现。经济衰退时，游客更加关注价格并且减少休闲旅游的支出，公务旅行因为公司缩减出行开支而深受影响，航空公司可能暂停购买新飞机并且削减其他投资。

2. 通货膨胀

居民的消费意愿不仅受到收入影响，也受到市场经济影响。社会经济的发展导致货币的升值和贬值，一旦货币贬值，会导致市场中的货物流通不顺畅，货物价格上涨。由于企业提升了生产成本，企业制造的商品会以较高的价格卖出，导致人们的购买意愿和实力下降，无法促进市场经济发展。企业为了屹立于市场中，使企业的账户支出大于收入，通过向银行贷款渡过难关。但是，受到通货膨胀影响，银行的贷款利率较高，企业需要支付较高的利息，无形中又增多了企业的生产成本。一部分经济基础较为稳固的公司支付得起高额的利息，而处于发展初期或经济薄弱而无法维持运营状态的一部分企业，最终走向破产和倒闭。

3. 货币汇率

汇率是指一国货币相对于另一国货币的比价。汇率的变化，去往旅游城市的相对费用可能对外国游客极有吸引力，也可能失去其价格上的优势。这必然影响假期旅游市场。汇率波动也会影响公务旅行，贸易的不稳定性以及对经济状况失去信心都会导致公务旅行的缩减或普遍的舱位降级，即从头等舱和公务舱降至经济舱。另外，人民币升值使中国航空公司广泛受益。主要原因在于这些公司由于从国外购入飞机，拥有大量的外币负债，其中以美元负债为主，因而人民币升值带来的正面影响显著降低了外债；此外，公司在燃油、航材方面的营业成本也相对下降。

人民币升值对中国航空公司的经营具有三大传导作用：首先，由于国内航空公司有大量的美元负债，人民币的升值可以直接降低以人民币计算的美元负债；其次，航空公司有一定比例的国外加油，其中，国航在国外加油的比例约为总耗

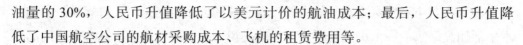

油量的 30%，人民币升值降低了以美元计价的航油成本；最后，人民币升值降低了中国航空公司的航材采购成本、飞机的租赁费用等。

4．居民收入、储蓄与信贷状况

（1）居民的收入水平决定消费购买力。居民的收入由付出的劳动成果而得到的劳动报酬组成。居民收入通常由个人的工资及其奖金收入构成，也有一部分来自政府的补贴政策。由于居民收入对居民的消费水平产生直接影响，因此居民收入成为影响消费需求构成要素中最主要的指标。在各种收入指标中，可任意支配收入对航空业来说最有参考价值，因为休闲旅客用于支付假日旅游的费用正是出自这部分收入。

（2）储蓄与信贷状况。社会购买力与储蓄的增减密切相关。居民储蓄来源于居民的货币收入，其最终目的还是为了消费。在一定时期内货币收入不变的情况下，如果储蓄增加，消费支出减少，从而影响社会购买力。储蓄作为潜在购买力，会对未来市场产生重大的影响，同时会在经济不稳定时期给市场造成压力。居民不仅用现有的收入购买商品，还可以用将来的收入提前购买商品。也就是说，居民凭其信用而借入款项，用于购买商品，获得商品的所有权，然后在未来某一时期按照一定的方式归还借款。因此，居民信贷的规模变化也会影响购买力大小。居民信贷的方式主要有短期赊账、分期付款和信用卡信贷。

5．居民消费支出构成

居民消费支出构成对市场各种商品的销售情况有重要影响。居民支出构成主要取决于家庭收入。家庭收入和家庭各方面支出具有规律性关系，称为恩格尔定律。居民生活水平主要指居民生活支出各个比重的占比，一般来说，基础生活支出较高，意味着生活水平较低；衣服、游玩的支出较高，意味着生活水平较高。经济学家把食品开销占总开销的比重，称为恩格尔系数。

（三）人口环境

人口是构成市场的基本要素，个人消费者市场由具有购买欲望和购买能力的人构成。人口环境对市场需求有着整体性、长远性的深刻影响，是影响企业市场营销活动最重要的环境之一。人口环境主要包括人口规模、人口分布、年龄构成、家庭规模、人口流动以及受教育程度等方面。

1．人口规模和增长率

人口规模大，不能说明市场规模大，只能说明市场发展的潜力大，因为人口规模的大小与市场购买力水平的高低没有必然的联系。但是，人口规模是影响基本生活用品需求的一个决定性要素。也就是说，人口规模越大，基本生活用品需求越大。人口的增长意味着人们的需求增长。如果人们有足够的购买力，人口增长就意味着市场的扩大。

人口多，呈现低速增长的态势，是我国人口环境的两个重要特点。2021年全国人口为 141178 万人，与 2010 年的 133972 万人相比，增加了 7206 万人，增长 5.38%；年平均增长率为 0.53%，比 2000 年到 2010 年的年平均增长率 0.57% 下降 0.04 个百分点。数据表明，我国人口 10 年来继续保持低速增长态势。根据预测，中国人口预计在 2030 年达到峰值，届时人口总数将超过14.5 亿。

2．人口构成

人口构成包括性别比例、年龄结构、民族构成、职业构成等。以性别、年龄、民族、职业中任意一个人口构成为区分标准而形成的不同消费者，在消费需求和消费方式方面是不同的。例如，老年消费者、青年消费者和儿童消费者的需求是不同的（岳鹏飞，2018）。

3．人口的地理分布

市场消费需求与人口的地理分布密切相关。一方面，人口密度不同，不同地区市场需求量也不同；另一方面，不同地区居民的消费需求和购买习惯存在差异。此外，城乡居民的消费偏好也有很大差异。

4．家庭

家庭作为商品的主要购买单位，主要从两个方面来影响市场需求。一方面，家庭的多少直接影响某些消费品的市场需求量。例如，家庭数量增加，使得住房及家居用品的需求量增加；另一方面，家庭规模影响消费形态。单亲家庭和多口之家的消费形态不同，单亲家庭倾向于增加娱乐的消费支出，有更多的时间和金钱去旅游。

5．人口迁移流动

人口迁移流动从其特定的角度增加了航空运输市场的需求。特别是春节那样的传统节日以及其他公共假日时期，还有学校假期，使得休闲旅客的运输量增加。

6．受教育程度

一般来讲，教育水平高的地区，消费者对商品的鉴别力强，容易接受广告宣传和接受新产品，购买的理性程度高。因此，教育水平的高低影响着消费者心理、消费结构，影响着企业营销组织策略的选取以及促销方式的采用。因此，在产品设计和制定产品策略时应考虑当地的教育水平，使产品的复杂程度、技术性能与之相适应。

（四）技术环境

科学技术影响着社会经济生活的各个方面，也影响着企业的市场营销活动。科学技术进步给市场营销带来的影响主要表现为三个方面：一是新产品的不断推出，使得大部分产品的市场生命周期明显缩短；二是替代产品的出现使得原有产品的需求下降；三是交易方式、流通方式、促销方式向更加现代化发展。

科学技术对民航业发展起到重要作用。主要体现在：技术进步使飞机制造商不断开发更多机型，意味着航空公司的机队趋向多样化，从而适应不同航线特点的需要；座椅的舒适度和客舱娱乐设施不断改善；视频网络技术的发展使得有些出行成为不必要；技术进步对航空产品及服务的分销和促销产生了很大影响。随着科技的发展，科技已不是阻碍航空业发展的要素。这意味着与以往相比，技术环境对未来航空旅游市场的推动作用大幅下降。

（五）自然资源

第一，自然资源的可供状况。地球上的自然资源可分为三大类：一是无限资源，不少学者把空气和水列为可再生有限资源；二是可再生有限资源，即有限但可以更新的资源，如森林、粮食等；三是不可再生资源，既有限又不能更新的资源，如石油、煤、铀、锡、锌等矿产资源。影响航空业的主要是第三类资源中的石油资源。航空公司的经营成本分为人力、管理、机上服务等可控成本，以及航材、航油等不可控成本。

第二，旅游资源。旅游资源是旅游活动的吸引物，是一个国家或地区的自然、社会、历史、文化及民俗特色的体现，其中优越的地理位置和丰富的景观资源是主要的旅游资源。丰富的旅游资源能够吸引游客游览，同时带来航空旅行的需求。

第三，气候及地理地貌。航空公司的航班在雷雨和雪雾等天气下经常发生延误，甚至被取消。这势必给航空公司和旅客造成一定的损失。一旦飞机延误，就会产生一系列的后续服务，航空公司应尽可能满足客户的合理需求。

地理地貌对航空业的发展起着至关重要的作用。西北地区地域辽阔，但地理条件复杂，多高山、荒漠。这样的地理状况使发展西北的铁路、公路建设受到较大限制，需投入巨额资金和相当长的建设周期。相比之下，发展民航运输，特别是支线航空运输，则具有其他运输方式所不具备的优势，如建设速度快、投资少、方便快捷、受地形限制少等。

第六章　航空货物运输的市场营销战略

第一节　航空货物运输市场细分

一、航空市场细分

市场细分是根据顾客的需要和欲望的差异性，按一定标准将一个整体市场划分为若干个子市场（或细分市场）的活动过程。其中任何一个子市场都是一个具有相似的购买欲望和需要的群体（岳鹏飞，2018）。

（一）市场细分的基础

市场能够细分，在于市场需求的差异性和相似性（图6-1）。需求的差异性和相似性是市场细分的基础。

（1）需求的差异性。根据需求差异的大小，市场可以分为同质市场和异质市场。同质市场的需求差异很小，因此没有必要进行市场细分，这样的市场很少；异质市场的需求差异明显，只有需求有差异性，市场才有可能细分。但这种差异需求不集中，分布比较均匀，市场还是不能细分。

（2）需求的相似性。需求的相似性表现为市场上的某一群体的需求相似。有相同社会背景、相同文化氛围、相同经济层次、相同生活习俗等客观条件的群体总显现出在某种需求、欲望、心理、行为、习惯等方面的相似性，这种相似性就成了市场细分的基础。

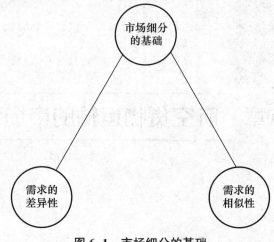

图 6-1　市场细分的基础

（二）市场细分的作用

（1）市场细分有利于制定市场营销策略。市场细分后的细分市场比较具体，比较容易了解顾客的需求，便于制定特殊的营销策略，做好产品、价格、渠道和促销等方面的工作，更好地满足顾客的需求。

（2）市场细分有利于发掘市场机会，开拓新市场。通过市场细分，企业能够发现未被满足的市场需求，比较各种市场机会，选择适合自己的目标市场。

（3）市场细分有利于集中人力、物力和财力投入目标市场。任何企业的资源和资金都是有限的，通过市场细分，企业可以在子市场中选择适合自己的目标市场，集中有限的人力、物力和财力资源于目标市场，实现在局部市场上的竞争优势。

（4）市场细分有利于企业提高经济效益。通过市场细分，企业选择自己的目标市场，更好地了解和满足顾客的需求，提高顾客满意度和忠诚度，从而增加企业的利润。

（三）市场细分的要求

从营销角度看，并非所有的市场细分都是有效的。有效的市场细分必须具备下列条件：

（1）可衡量性。可衡量性是指细分市场的特征和规模大小应该是可以识别的和可以测定的。所以，凡是企业难以识别、难以衡量的特征，都不能据以细分市场。

（2）足量性。足量性是指细分市场的规模足够大，能够保证企业获得足够的利润。

（3）可占领性。可占领性是指细分的市场是企业能有效地进入并为之提供产品或服务的市场。这主要表现为企业具有进入细分市场的资源条件和竞争力。

（4）反应差异性。反应差异性是指细分市场对不同的营销组合因素有不同的反应。这种反应的差异性缘于细分市场中顾客的购买行为的差异。如果所有子市场对价格变动的反应相同，那这样的市场细分是不成功的。

二、市场细分的标准

（一）消费者市场的细分标准

市场的需求通常由多种因素造成，这些因素市场可使用不同的变量来细分，这些变量被称为细分标准。消费者市场和组织市场由于组成不同，所以细分标准不同。消费者市场的细分标准很多，归纳起来主要有地理标准、人口标准、心理标准、行为标准和利益标准等。根据这些标准来细分市场，可以划分为以下形式（图6-2）：

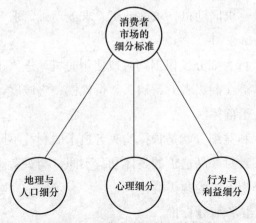

图6-2　消费者市场的细分标准

1．地理与人口细分

（1）地理细分。地理标准包括国家、地区、省、市和社区等，地理细分是指将市场划分为不同的地理区域单位，如国家、地区、省、市和社区。不同区域的购买者，对同类产品的偏好可能不同，对企业市场营销组合中各因素变动的反应有差异。

（2）人口细分。人口细分是按照人口统计变量来细分市场，人口标准主要包括年龄、性别、职业、受教育程度、收入、家庭人数、家庭类型、家庭生命周期、国籍、种族和社会阶层等。企业历来重视依据人口标准来细分市场，一方面是因为人口标准和市场需求的差异性密切相关，比如，不同的年龄、收入，购买者的偏好和购买行为不同；另一方面是人口标准更易于测量。

2．心理细分

心理细分就是按照生活方式、个性和购买动机等心理特征来细分市场。有些行业的企业越来越重视按照心理标准来细分市场，比如服装、化妆品、家具、餐饮、娱乐等行业。

（1）生活方式。生活方式是指人们对工作、消费、娱乐的特定的习惯和倾向性。不同的生活方式产生不同的需求和购买行为，企业依据生活方式将整体市场细分，如把市场细分为节约型、奢侈型或乐于社交型、爱好家庭生活型等。

（2）个性。营销人员常使用个性标准来细分市场，继而使企业产品的品牌个性和顾客的个性相符，如把市场细分为深思熟虑型、追随潮流型和随意型等。

（3）购买动机。购买动机是引起购买行为的内在推动力，分为生理动机和心理动机。心理购买动机不同，则购买者的偏好和购买行为不同。心理动机主要有求实动机、求新动机、求同动机、求廉动机、求美动机、求名动机和求速动机。

3．行为与利益细分

（1）行为细分。行为细分是根据购买或使用时机、进入市场的程度（经常购买者、初次购买者、潜在购买者）、购买数量规模、忠诚度、购买时的态度等标准，将市场划分为若干群体。

（2）利益细分。利益细分就是根据购买者追求的利益不同将整体市场划分为若干群体。由于购买者对产品追求的具体利益不同，购买者对产品特征的要求也不同，因而可以细分为不同的购买群体。

（二）航空客运市场细分标准

客运市场细分常用的标准是购买目的（旅行目的）和航线，其中根据购买目的来细分市场是航空运输市场的传统细分方法。

1．购买目的

根据人们购买目的的不同将航空公司的市场进行细化是一种有效方法。采用这种简单的市场细化方法，可以得知航空公司是如何使用各种营销组合满足不同类型市场中的顾客需求。以下是三个细分市场上顾客的主要特点和需求：

（1）公务旅行市场。对公务旅客来说，他们的行程紧凑，在每一个城市仅作短时间停留，导致对他们的服务要求高、服务质量的好坏是至关重要的。航空公司也认为公务旅客市场缺乏弹性，意思是即使票价上涨公务旅客也不会取消旅行计划，航空公司为这部分旅客提供的票价通常较高。但公务旅客对价格的不敏感性是相对的，很多公务旅客乘坐经济舱旅行。

公务旅行市场可以进一步细分。实行常旅客计划的航空公司经常以旅客的不同旅行活动为依据，将公务旅行细分市场进一步细分为高舱位少量出行公务旅客、高舱位经常出行公务旅客、低舱位少量出行公务旅客和低舱位经常出行公务旅客。

高舱位经常出行公务旅客通常乘坐头等舱或公务舱，且他们的旅行范围很广。在大多数市场上，他们代表着最有价值的细分市场，对航空公司提供产品和服务有较高的要求。

（2）休闲旅行市场。休闲旅客对机票价格比较敏感，一般乘坐经济舱，航空公司机票的价格通常是人们在休闲旅行时选择航空公司的重要考虑要素。另外，休闲旅客还需要一些地面服务，如酒店食宿、观光游览等。航空公司对休闲旅客采取了截然不同的营销方法。

（3）探亲访友旅行（VFR 旅行）市场。探亲访友市场由两部分组成，一部分是探亲的人，包括家在外地的人要回家探亲，有的时候家庭成员要到外地去看望亲戚；另一部分是访友的人，很多人由于一起学习和工作的往来成了朋友并经常来往。

探亲访友旅行的一个主要特征是探亲访友旅客走访同样的人和目的地，而不像休闲旅客在出游时有很多旅行目的地可供选择。还有，探亲访友旅客通常不需要为他们的旅行安排住宿，因为他们旅行的目的是创造与朋友和家人团聚的机会。

2．区域标准

航空公司的整体市场可以按不同区域进行细分。航空公司的国内市场可以按经济区域标准细分，还可以按行政区域标准细分，也可以按照航空公司自己定义的区域标准细分。

在细分国内市场时，区域市场可以进一步细分为区域间市场，如东北—华北，体现了航空市场的方向性；也可以以区域内部市场和区域的外部市场细分。航空公司的国际市场可以按照洲际区域标准细分，如澳洲市场、东南亚市场、非洲市场等；也可以以国家区域标准细分，如日本市场、韩国市场等。

此外，航空公司的整体市场可以根据不同城市进行细分，每个城市就是航空公司的一个细分市场。同样，由于航空市场具有方向性，每个城市市场又可以细分为城市间市场，即一条航线，也就是说一条航线就是一个细分空运市场，在这样的细分市场中，旅客的始发地和目的地一致，即需求具有同质性。

3．航线标准

航线标准包括航线的需求量、航线距离、起讫点性质等航线特征。按照航线标准把整体市场细分为不同子市场，这些子市场的需求表现出同质性。

（1）按照航线需求旺盛程度，将市场划分为五类市场：①快线市场，即平均每天每线单程客运量大于等于 1000 人次的航线市场；②大运量市场，即平均每天每线单程客运量为大于等于 400 人次而小于 1000 人次的航线市场；③中等运量市场，即平均每天每线单程客运量为大于等于 200 人次而小于 400 人次的航线市场；④瘦薄市场，即平均每天每线单程客运量为大于等于 50 人次小于 200 人次的航线市场；⑤缝隙市场，即平均每天每线单程客运量为小于 50 人次的航线市场。

（2）按照航线距离，将市场细分为长航线市场和短航线市场。根据起点的性质和航线距离这两个细分标准，将航空客运市场细分为干线市场和支线市场。支线是指从支线机场始发或到达支线机场的省内航段，或跨省但距离较短的航段。

4．对时间的敏感程度和对价格的敏感程度

如果依据对时间的敏感程度和对价格的敏感程度，可以将旅客市场细分为 4 类：

第一类：对时间敏感而对价格不敏感的旅客。

第二类：对时间、价格均敏感的旅客。

第三类：对价格敏感而对时间不敏感的旅客。

第四类：对价格及时间的限制都不敏感的旅客。

第二节 航空货物运输目标市场选择

目标市场选择，就是对有可能成为企业目标市场的细分市场，进行分析和评估，然后根据企业的市场营销战略目标和资源条件，选择企业最佳的细分市场。

一、细分市场的分析与评价

目标市场是指在市场细分的基础上，企业要进入的最佳细分市场。在企业市场营销活动中，企业必须选择和确定目标市场。这是因为选择和确定目标市场，明确企业的目标顾客，才能采取相应的营销组合，制定有效的产品策略、价格策略、渠道策略和促销策略，来满足顾客的需求，实现企业的营销目标。

在选择目标市场之前，应从下列方面来分析和评价细分市场：

（一）评价原有细分市场

评价战略业务单位最著名的方法有波士顿矩阵法和通用电气法，这两种方法也可以用于对原有细分市场进行评价。波士顿矩阵法是一套研究业务组合的方法，运用到细分市场的评价方面也很有效。

对原有细分市场进行评价主要有三项依据：细分市场的盈利性，航空公司在这一细分市场的市场占有率，细分市场的市场增长率。

（二）评价新进入的细分市场

当航空公司将整个市场细分为几个子市场后，营销战略制定过程中的下一步就是对每一个细分市场进行 SWOT 分析。S、W、O、T 分别代表优势、劣势、机会、威胁。

通过对市场营销环境的研究得出结论：经济稳步增长，正在用现代化机队更换旧飞机，缺少重点航线的支持，可以提供优质的地面服务，航班时刻极佳，常旅客计划竞争较激烈，高水平的机上服务，出现了公务旅行的替代品，缺乏有能力的管理人员，市场认可程度高，整个客运市场持续增长，有效的常旅客计划，休闲旅行市场、公务旅行市场和探亲访友旅行市场持续增长，国家出台了促进民航发展的一系列政策，进出口贸易额持续增长。

内部环境的状况在优势和劣势两部分内容中体现，而外部环境的未来变化则在机会和威胁两部分内容中体现。航空公司能够满足公务旅客的需求，公务旅行市场能够成为其目标市场的选择之一。

（三）评价航线

一条航线对应的市场就是一个航空公司细分市场。航空公司在决定运营某一航线之前应对这条航线的市场环境进行评价。

1. 航线的市场需求

人们围绕需求的影响因素来分析航线的需求，主要包括航线两端城市之间经济往来状况、人口状况、旅游资源状况、地理交通状况等因素。航线两端城市之间经济往来密切的程度，意味着商务往来和物流的需求大小；航线两端城市人口规模大小影响两城市之间的人员来往规模；旅游资源丰富与否也决定着休闲旅行市场的大小；两城市之间地理状况复杂程度、距离以及公路、铁路、水路等运输方式的运输状况都会影响航空市场的需求。航线的需求分析一定要面向未来。

除了分析市场需求量，还要了解航线的市场需求特征。对于市场需求的特征，我们可以通过市场调查来了解。

2．航空公司间的竞争状况

了解航空公司之间的竞争状况，主要是了解运营此航线的航空公司的运力投入、服务水平、市场份额、票价和盈利能力等状况。按照航空公司竞争状况可以把航线分为以下四类：

（1）无航空公司运营的航线。在航线上没有航空公司在运营，这可能是因为航空公司没有发现市场机会，也可能是因为航线市场规模小，运营这些航线会给航空公司带来亏损。对有些航线，需要航空公司的培育和地方政府的支持。

（2）独家垄断航线。在航线上只有一家航空公司运营。在决定是否运营此条航线前，需要了解这家航空公司的经营状况。

（3）寡头垄断航线。航线上有几家航空公司经营，但其中一家航空公司在航线的市场份额远大于其他航空公司，这样的航线就是寡头垄断航线。

（4）垄断竞争航线。在这种航线上，有两家以上的航空公司在运营，没有一家航空公司处于垄断地位。

3．对航空公司的评价

对航空公司已运营的航线，评价的内容还包括本航空公司的经营状况和航线的盈利能力。

（1）航空公司经营状况。航空公司经营状况通常用市场占有率和投入率表示。

（2）航线的盈利能力。航线的盈利能力是航空公司对原有航线的评价的重要内容，决定着航线的取舍。单位经营利润能够反映航线的盈利能力，即用单位周转量利润反映盈利能力。但单位经营利润不仅和航线本身有关，还和企业的内部管理有关。为了更好地反映航线本身的盈利能力，我们通常用单位的收入来评价航线的盈利能力。

二、目标市场战略与选择

在分析每一个主要的目标市场后，企业最终选择目标市场。企业在选择目标市场时，通常采用以下战略：

（一）无差异性市场营销

企业在采用无差异性市场营销时，关注的是整体市场上顾客需求的共同点，而不管差异点，也就是说，企业把整体市场看成一个目标市场。采用无差异性市场营销的企业会以单一的营销组合来满足整体市场的需求，因而向整体市场推出单一的产品，并拥有大众化的分销渠道，大量统一的广告宣传，在大多数顾客心中建立品牌形象。如果企业面对的市场是同质的，或者顾客的需求是有差异的，但表现出较多的相似性，在这两种情况下，企业应采用无差异性市场营销。

无差异性市场营销实质上不需要市场细分，把需求广泛的整体市场作为目标市场，这样就能够大规模生产和销售单一产品，有利于降低生产成本，并且能因广告类型和市场研究的简单化而节省费用。

无差异性市场营销对大多数企业来说是不适用的，尤其对空运企业来说是不适用的，因为整体市场的需求表现出较多的差异性。即使市场的需求具有相似性，但顾客的需求是不断变化的，用一种产品长期满足全体顾客的需求是不可能的。

（二）差异性市场营销

差异性市场营销是指企业在对细分市场进行评价后，决定占领每一个细分市场，以不同的营销组合策略来满足各细分市场的需求。采用差异性战略的企业，会针对各个细分市场的需求，分别设计不同的产品，并在定价、促销和渠道方面采取相应的策略，以满足各个子市场的需要。航空公司主要采用差异性市场营销，针对不同的航线、出行目的不同的细分市场提供不同的产品。

在差异性市场营销下，企业试图以多产品、多渠道和多种推销方式去满足不同细分市场上顾客的需求，因而能提高顾客的满意度和忠诚度，进而提高顾客的购买频率。而且，通过多样化的营销组合进行销售，通常使得总销售额增加。还有，采用差异性市场营销的企业提高了企业对市场风险的应变能力，降低了市场风险。近年来，由于市场的竞争者增多，很多企业越来越多地实行差异性市场营销。

很多航空公司采取差异性市场营销，选择所有的细分市场，如商务旅行、休闲旅行和航空货运等，以不同的产品满足不同细分市场的需求。这样一来，航空公司面临的管理工作非常复杂，但采取差异性市场营销会带来各产品的协同效应，主要表现为商务旅行与休闲旅行市场的协同，以及客运和货运之间的协同。

商务旅客虽然能够带来更高收益，但客源不足，航空公司可以通过票价来调节休闲旅客数量来提高客座率。

此外，节假日商务旅行市场和休闲旅行市场的需求是此消彼长的，商务旅客减少而休闲旅行增加。航空客运市场和货运市场的协同效应主要表现在成本方面，航空客运承担了更多的成本，使得客机腹舱运输货物的成本较低。

采用差异性市场营销的企业，由于目标市场、产品品种、销售渠道和广告宣传的多样化，使得生产成本、管理费用和销售费用大幅增加。另外，采用差异性市场营销也受到企业资源力量的限制。

（三）密集性市场营销

企业面对若干细分市场，集中力量进入一个或少数几个细分市场，而不再将有限的资源分散用于所有的市场，这种战略就是密集性市场营销（岳鹏飞，2010）。采取密集性市场策略的企业认为在部分市场拥有较高的占有率，要胜于在所有市场都获得微不足道的份额。集中性市场营销主要适用于资源有限的小型企业。

集中性市场营销的优点包括：①体现在企业可以更好地了解不断变化的市场需求，能够提供更高的顾客价值和更高的顾客满意度；②体现在企业可以节省市场营销费用，增加盈利上；③体现在企业因其满足特定需求而能够提高企业与产品的知名度，并可迅速扩大市场。这一战略的不足是经营风险较大。由于只有一个目标市场，一旦目标市场上顾客的需求发生变化，或者竞争状况变得异常激烈，企业就会陷入困境。

三、目标市场选择策略的选择依据

企业采用何种目标市场选择策略，需要综合考虑自身条件、市场状况和竞争状况，根据不同的情况选择目标市场策略。在选择目标市场策略时通常考虑以下要素：

（1）企业资源能力。对于航空公司来说，企业资源能力主要指航线网络结构、机队规模、资金状况、人员素质、管理水平、营销能力，以及企业形象等力量状况。如果企业的实力雄厚，就可以采用差异性营销策略。如果企业的资源能力不足，则采取密集性营销策略。

（2）市场需求特点。如果目标市场消费者需求偏好相近，对产品及销售方式的反应差别不大，或者消费者对其产品特征的感觉相似程度较高，购买时的选择性较低，如原煤、原油、钢铁、木材等产品，这时就可以采用无差异营销策略。相反，消费者的需求差异很大，则应采取差异性或密集性市场策略。

产品在市场上处于生命周期的不同阶段，消费者的需求特点也不相同，企业采取的目标市场策略也不同。一般来说，企业的新产品处在投放市场的导入期时，宜采取无差异性营销策略；当产品进入成熟期后，应采取差异性营销策略或采用密集性营销策略。

（3）竞争者的目标市场策略。企业在选择目标市场策略时，还需考虑竞争对手采取何种策略，如果竞争对手采取无差异性目标市场策略，企业就可以采取差异性目标市场策略，扬长避短，取得优势；如果竞争者采取差异性市场策略，企业可更进一步细分市场，采取密集性市场策略，在局部市场上取得优势。

在现实中，很少有航空公司将全部的精力放在一个细分市场上，而是将多个细分市场作为目标细分市场。原因包括：①一个细分市场不足以实现规模经济；②在服务多个细分市场的过程中会产生协同作用；③同时经营几个不同细分市场可以减少风险。尽管如此，还是有很多航空公司采用了单一细分市场战略。

第三节　航空货物运输市场定位

企业选择和确定了目标市场及目标市场策略后，就进入了市场营销战略 STP 过程中的第三个步骤——市场定位。企业要根据所选定目标市场的竞争状况和自身条件，确定产品在目标市场上的特色、形象和位置。市场定位是市场营销战略 STP 过程的重要组成部分。

市场定位就是根据竞争者现有产品在市场上所处的位置，针对消费者或用户对该种产品的某种属性的重视程度，从各方面赋予产品一定的特色，通过一定的信息传播途径，在顾客心目中树立本企业产品与众不同的鲜明的市场形象。

一、市场定位的程序

市场定位的依据一是消费者的需求特征，二是该产品的主要竞争者的产品主要特征。市场定位，关键的不是对产品本身做些什么，而是在消费者心目中做些什么，单凭产品质量上乘或价格的低廉已难以获得竞争优势。

市场定位的主要任务，就是通过集中企业的若干竞争优势，将自己与其他竞争者区别开来。市场定位是企业明确其潜在的竞争优势，选择相对的竞争优势和市场定位策略以及准确地传播企业市场定位的过程。

（1）了解顾客的需求状况。在目标市场上有不同的顾客群，企业还要了解不同顾客群的需求以及被满足的程度。

（2）确定竞争对手的产品定位。为了使企业的产品区别于竞争对手，首先要了解主要竞争者向目标市场提供了何种产品以及产品的主要特征，从而确定竞争对手的产品定位。同时，还要了解竞争对手产品的生产成本及经营情况，以及在消费者心目中的形象。

（3）确定本企业的相对竞争优势。相对的竞争优势是企业能够胜过竞争者的能力。有的是现有的，有的是具备发展潜力的，还有的是可以通过努力创造的。企业通过与竞争者在产品、促销、成本、服务等方面对比分析，了解企业的长处和不足，从而确定企业的相对竞争优势。

（4）确定企业的产品定位。企业可以根据目标市场上不同顾客群的需求、自己的相对优势和竞争对手的产品定位情况确定企业的产品定位，通过优势资源配置向目标顾客提供差异化的产品和服务，突出自己的经营特色，使消费者感觉自己从中得到了价值最大的产品和服务。

（5）准确地传播企业的产品定位。这一步骤的主要任务是企业要通过一系列的宣传促销活动，使目标顾客知道、了解、熟悉、认同、喜欢和偏爱企业的市场定位，在消费者心目中建立与该定位相一致的形象。

二、市场定位策略

（1）迎头定位策略。迎头定位策略就是与现有竞争对手竞争的定位方式。企业选择靠近于现有竞争者或与现有竞争者重合的市场位置，争夺同样的顾客。迎头定位策略会带来更为激烈的竞争，一旦成功会取得巨大的市场优势。

（2）避强定位策略。避强定位策略是指企业避免与目标市场上的竞争者直接对抗，其市场位置不与竞争者重合或接近，而是将其位置定在市场空白点，向市场提供具有特色的产品。由于这种定位策略市场风险较小，成功率较高，常常为多数企业采用。

（3）重新定位策略。重新定位策略是指企业对顾客反映不好的产品变动其特色，改变其原有的印象，使目标顾客重新认识产品新形象。企业进行定位调整主要是因为竞争状况和顾客需求的改变。例如，竞争者推出的新产品市场定位与本企业产品重叠或相近，导致竞争加剧，使本企业产品的市场占有率下降。

第四节　航空货物运输的市场购买行为

市场是某种产品的实际购买者和潜在购买者的需求集合。因此，企业必须对市场需求进行科学的分析和预测（郝正腾，2020）。

一、现代消费者行为特点

现代消费者行为特点如图 6-3 所示。

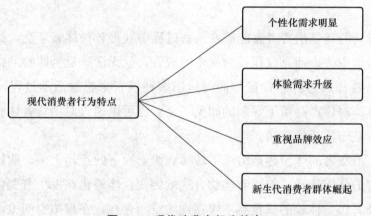

图 6-3　现代消费者行为特点

（一）个性化需求明显

随着社会的发展和人们生活水平的提高，人们的消费观念发生了很大的变化。消费者不再盲目追求潮流，而是开始讲求时尚和品味。

个性化的消费特征即在消费者购买决策中，非常注重产品或服务对消费者个体特征、偏好和心理要求的符合程度。现代消费者希望通过产品来满足自我体现的需求，产品或服务要能够表达自己的心境。同时，也借此展现自己的审美观念、欣赏水平等。市场的繁荣是消费者个性化需求增加的关键因素。追求商品的基本属性已经无法满足消费者日益增长的需求，现代消费者已成为对商品和服务有更高需求的成熟消费者。

商品要能体现消费者的个性化情感因素和自我表达，这将成为影响消费者购买的重要因素。与此同时，消费者对品牌的依赖性减小，更注重品质，消费者通过对品质的比较，倾向于在非大众消费品中选择符合自己要求的商品，这也是消费者体现个性需求的一种方式。与世界其他国家或地区的趋势相同，中国的消费者随着消费者收入的增加，个性化需求也在不断提高。

（二）体验需求升级

现代消费者追求一种购物过程中的体验行为，要在购物过程中达到情感上的共鸣。现代消费者与传统消费者相比，消费心理和行为都进入了一种全新的高级形态。现代消费者更关注整个消费者过程，而对产品本身或服务本身的关注有所降低。他们希望从整个消费过程中体验到购物的愉悦，实现一种满足自己、享受生活的状态。这种美好的状态能够促使消费者行为的延伸，而不好的感受则会终止消费过程。只要消费者感觉到在消费过程中实现了自己的追求，就愿意为此而支付。

体验强调的就是消费者要能够在消费过程中获得各种体验享受，如果无法亲自参与到活动中去，而是仅仅作为一个旁观者，就无法感觉到购物的快乐和满足感。消费者在体验过程中，能够同时运用多种感官来感触活动过程，这样就增强了参与度，对该产品留下深刻的印象。企业也可以通过对消费者体验过程的记录，来进行基于体验的营销。

现在，消费者的体验逐渐由线下转移到线上线下的互动上来。购物体验往往是一个家庭的休闲活动，但随着购物方式的转变，体验也在发生着变化。体验的需求在不断升级，体验的满足感不仅在现实空间存在，在虚拟空间也可达到。电子商务相关行业的发展，使得线上线下购物渠道相互渗透，进一步提高了消费者体验的便利性。

（三）重视品牌效应

无论是对产品本身的特性，还是消费者的体验与感受，这些归根结底都是对品牌的追求。这是一个品牌的世界，无论是消费者感受与参与，还是消费者体验与追求，针对的目标与对象都是品牌。消费者对自己熟悉的品牌会产生好感，他们更倾向于购买自己熟悉的品牌。一个品牌包含很多内涵，它代表着企业的产品质量、服务质量的好坏。消费者容易对符合自己要求，使自己满意的品牌产生情感，企业要做的就是利用这种情感，获取更大的利益。企业要保持消费者对品牌的忠诚度，这样，消费者在购买某种产品时，首先在脑海中显现出来的就是该品牌的产品。

品牌对消费者的影响有好的方面，也有坏的方面。企业要扩大好的方面的影响，规避坏的方面的影响。这就是说，要让消费者时刻都感觉到品牌给自己带来的是好处。对品牌产生不好的印象的原因往往是消费者在购买过程中的不愉快经历和体验，因此企业在品牌运营中要尽量规避这方面可能会对消费者产生不良影响的因素。

（四）新生代消费者群体崛起

由于在线消费的火爆，消费者阶层逐渐发生了变化。一大部分热爱网络消费的新生代消费者群体出现，并逐渐占据市场主导，成为不可忽视的消费力量。这群新生代的消费者有着传统消费者所不具有的一些独有的特征，主要表现在以下方面：

（1）消费范围广阔。他们一般兴趣广泛，爱好众多，且接触到的信息非常丰富，对消费的需求范围较大。

（2）有着稳定的消费需求。他们的收入基本相对稳定，生活水平处于中等或偏上；有着一定的经济基础，对于消费品的选择比较自由，可以承受较高的消费消耗。

（3）采用现代化的消费模式。如喜欢在网上购物，购买产品之前习惯在网上查找一下他人的评价。

（4）消费观念发生了转变。经常使用信用卡进行消费，喜欢先消费再付款模式。

（5）注重服务质量。重视购物过程带来的新奇感和满足感，对购物环境和购买过程有自己的评判标准。

新生代的消费者对消费者市场产生了深远的影响，他们的消费行为是理性和感性的结合，并有强烈的参与感。由于他们普遍知识和阅历丰富，可以凭借自己的判断选择对自己最有利的消费。但是，消费者的消费都受到自己内心情感的影响，再理性的消费者也会受自身偏好的影响来进行消费。消费者购买的最初目标就是参与到消费的过程中去。通过消费经历，消费者对品牌有了更深刻的理解，从而促进再次消费。

二、消费者行为影响因素

消费者行为影响因素如图 6-4 所示。

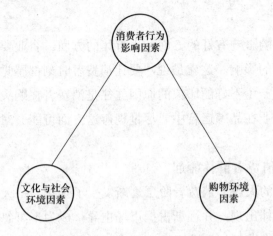

图 6-4　消费者行为影响因素

（一）文化与社会环境因素

文化影响消费者行为，一个人的文化价值观约束其购买行为。而人口特征、地理位置、信仰、性别、职业、收入、民族等亚文化差异导致消费者在购买什么、怎样购买、何时何地购买等方面产生明显差异。

社会环境因素主要包括三个方面，即社会阶层、家庭和参照群体（图 6-5）。

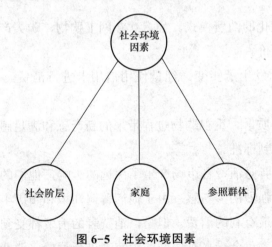

图 6-5　社会环境因素

（1）社会阶层。即由具有同样的或相似的社会地位成员组成的稳定且持久的群体。

在购物方式方面，不同社会阶层的消费者，在选择购物场所时往往倾向于到与自己身份地位相符的场所购物；在产品选择和使用方面，所处的社会阶层不同，对商品和品牌的偏好不同，尤其表现在服装、家具、住宅等能显示身份地位的产品上；上层消费者的信息获取和传递速度优于下层人员，所以，他们往往处于时尚和潮流的前沿。

此外，由于价值观和兴趣爱好的不同，不同阶层的人员在消费心理上也有很大不同。

（2）家庭。不同的家庭在不同的阶段，其消费行为有很大不同。一个家庭大致可分为四个阶段，即形成期、成长期、稳定期和收缩期。形成期指家庭初建，这时经济状况良好，需求量和购买力都较强，耐用消费品需求量大。成长期是指拥有子女到子女长大成人阶段。这一时期是家庭消费的主力时期，各种产品消费量都很大，并逐渐形成稳定的购买习惯。稳定期指子女成年并离家独自生活，此时消费需求减少，倾向于购买有益健康的产品。最后是收缩期，此时消费者收入减少，消费需求的方面也很少，主要是医疗方面的消费。

（3）参照群体。消费者的消费行为往往受其他消费者的影响，且很大。消费者尤其是中国的消费者往往有从众心理，遵守群体规范。因此，参照群体对消费者的影响也是巨大的。

（二）购物环境因素

影响消费者行为的购物环境主要包括：

（1）内部购物环境。内部环境对消费者行为的影响主要指商场内的陈列和气氛这两个要素。陈列要与消费心理相符，并结合消费者的购买习惯。消费者进店后无意识眺望的高度为 0.7～1.7m、上下幅度为 1m 左右内的物品最容易进入消费者的视线。即对于大部分人来说，从其头部到腹部高度范围内的物品是最有可能优先购买的。商店的气氛对消费者的心情有很大影响，直接影响到消费者的购买行为。适宜的灯光、布局、地板、色彩、声音、气味等因素都可以有效促进消费者的购买。

（2）外部购物环境。外部购物环境的影响主要表现为：①店铺的外在形象，即消费者对一个零售商店的整体印象。②商店品牌，消费者总是倾向于去那些比较知名的、有品质保证的大品牌商场进行购物。③零售商的广告也是吸引消费者的一大利器。广告要涵盖全面，不仅要有促销商品和价格，也要体现商场本身的服务、质量和其他重要属性的优越性，这样才能最大限度发挥广告的效应。④商场的位置选择也是非常重要的。在除位置之外的其他条件基本一样时，消费者一般倾向于前往距离自己所在地近的商场进行购物，而很少舍近求远，除非近处的商场购物条件和环境实在是令人难以满意。

三、消费者行为对精确营销的影响

（1）找准精确营销对象。精确营销就是要找准目标消费者进行针对其特点的营销策略，因此研究消费者行为可以明确其购买特点，进而从中发现消费者不同的消费差异和个性化选择，有针对性地对其进行符合其期望的营销活动。

（2）保证企业消费者拥有量提升。企业进行精确营销的目的就是为了增加企业收益，促进企业成长，使企业进行可持续发展。而企业成长的关键就是增大消费者拥有量。不仅要保持原有的消费者，更要不断发展新的消费者。通过深入详尽的分析消费者行为，可以充分了解消费者特征，明确消费者的偏好，从而根据消费者的特点和偏好推出有针对性新服务和新业务来满足其独特的需求。这样，可以提高消费者满意度，最终达到消费者忠诚的目的。

（3）启动新业务，提升营销效果。如果在新业务开展之初就预先知道哪些消费者对此项业务更有兴趣，就可以集中资源对这些消费者进行推广，从而达到事半功倍的效果。并且，随着该业务的不断推广，更多的消费者了解到该项活动，参与的人群越来越多，从而激发出消费热情。

第七章　航空货物运输与市场营销的创新发展策略

第一节　航空货物运输空间网络发展及其系统研究

航空货运是国家重要的战略性资源，是国民经济活动和商品要素流动的重要实现载体。当今世界正经历百年未有之大变局，疫情全球流行正在加速国际格局的变化调整，航空货运的战略意义凸显。厘清航空货流网络生成的动力机制，明确我国航空货流的轴 - 辐射网络，对促进我国航空货物运输的发展，保障我国航空货物运输的稳定具有重要意义。

一、航空货流网络生成的动力机制

（一）航空货流的产生

空间相互作用是指区域之间发生的商品、人口和劳动力、资金、技术、信息等的相互传输过程。它对区域之间经济关系的建立和变化有着很大的影响。一是不同地理位置和区域空间内要素类物质的需求使用和联系性得到提升，使各区域的精加工系列产品也有向更多地区销售的机会和潜力。二是自身处于不同地理位置的区域之间进行交互作用，可以使内部蕴含的资源性物质在使用率方面得到提升。各区域城市由于资源性物质要素构成和蕴含情况的不同，形成差异化的产业发展模式。因此，可以在不同位置空间进行各方面生产构成要素的交流性补充活动。

交通设施网络的逐步完善和交通通信技术的迅速发展，时间效益慢慢成为地域间运输联系的主流，各地理位置不同的区域城市之间，可以有更快速的传递资源性生产物质的工具途径。在不同区域之间有效交通空间的基础上进行立体化运输模式的理念构建，创新传统社会模式积累下的物质交换运输方式和人们对交通的认识。我国航空货物运输借助创新运输理念的融入，将物质运送方式进行革新性改造，伴随我国对城市社会生产模式的改造，也涉及对物质流通方式的更新。通过更新，航空类交通方式从原本地面类出行方式中突显出来，在有效缩短地区之间出行成本方面，有极大地提升效用，也使实体物品的销售潜力在不同空间内部得到开发。

（二）航空货流的强弱

在社会范围内有各种实体物质交换和观念认可的现象出现，促成这部分社会现象出现的原因是社会内部抽象层面的观念意识，也就是实体物质之间需要性产生的吸引程度。在社会生产制造企业内部的经济领域，产生的吸引力与自然界中物质固有的天然性吸引不一致，不同地理位置的区域吸引力与自然的特征性吸引有较大差异。实体资源性物质之间的吸引过程差异，主要是由于社会实际需求和价值观念的不一致。因此，可以将社会中各实体物质重量方面的吸引力量计算公式进行总结简化。

$$T_{ij}=K\frac{M_i^{\beta} M_j^{\gamma}}{D_{ij}^{\alpha}} \tag{7-1}$$

式中，T_{ij} 是 i 地和 j 地间的相互作用"流"，可以是客流、货流等；M^{β} 和 M^{γ} 分别是 i 地和 j 地的"质量"，如人口、经济总量等；D^{α} 是两地间的距离；K 为系数。

现实生活中，"流"的生成因素更加纷繁复杂，而只用简单模型的方法测度空间相互作用流难以得出较准确的结果。如果从理解主体思维模式的关系部分检验物质之间交换行为的特征，可以借助有明显展现特征的实例在不同地理位置空间进行转化。这一计算方式可以概括为：

$$T_{ij}=A_i B_j O_i D_j f（c_{ij}） \tag{7-2}$$

式中，T_{ij} 是 i 区流向 j 区的"区际流"，可以是客流、货流等；A，B_j 分别是 i 地和 j 地的系数；O，D_j 分别是 i 地的输出流和 j 地的输入流；$f（c_{ij}）$ 是距离函数。

空间相互作用模型从实证角度模拟空间流的定量特征，对其变化进行解释，空间互动模型在形式上极为复杂，包括发出流、到达流、各地的"引力"、距离、相互间特殊关系因子等。从两种模型的比较中看出，影响空间相互作用流生成与演变的主要因素是彼此间的"引力""势能""距离因子"。"流"的强弱由区域的人口密度、经济总量、资源要素、发展程度等多种要素形成。

（三）区域间或城市间货流的生成与发展

1. 城市综合引力构成要素

处于不同地理环境条件下的城市是人们生存的主要居住要素，也是社会范围内生产的实体物质进行交换销售使用的基础性场所，具有社会经济领域的生产模式融入创新意识改造升级后的丰富性内涵。结合城市内部地形要素和资源性物质蕴含的种类特征，可将不同生产发展规模的城市在经济实际收入积累的基础上进行类型与实际效用职能部分的划分。

（1）工业城市：这类城市内部生产模式发展状态应以工业性的实体物质为主。由于工业类产品的重量和形态相较生活类物品更消耗资源性材料，因此，这类城市在固有土地面积部分会较其他城市占更大比重。

（2）交通城市：这类城市实际经济收入的增加，主要借助物品运输模式的创新，缩短有效时间运输成本。物品由不同的使用制造方运送，对土地要素的需求量也有所要求。伴随实体物品运送方式在这类城市内部进行改造，也会吸引更多的工业门类进入交通城市。

（3）省和地区的中心城市：这类城市通常结合政治领域固有的区域政策扶持和经济基础要素的支撑进行发展。

（4）县城：其内部形态是农村型区域与工业制造类城市交换原料物质和实用性产品的主要介质。在我国内部，该种形态和城市职能区域有较大基数。

（5）特殊职能城市：这类城市内部没有明显的工业性制造企业，也不是国家优势性政策和资金要素重点扶持的城市形态。但其内部通常有较长历史时间积累的文化要素，可以借助国家对城市转型和经济结构的调整政策，将其改造为适宜旅游参观性的新型城市形态。这类城市改造后的实际经济收入和附加价值，不是单一指标可进行测量和评价的。

行政中心指一个国家的中央政府或地方政府所在地，一座城市为行政中心，意味着其为政治中心，城市的综合实力强，对外界的吸引力就强，社会各方面都会想在该城市拥有属于自己的市场范畴。中国各省，直辖市，自治区，特别行政区的行政中心，政策的执行、人才的引进、企业的发展，都呈现逐步增长的趋势。

经济中心城市是指在一定区域内和全国社会经济活动中处于重要地位、具有综合功能或多种主导功能、起着枢纽作用的大城市和特大城市。经济中心的考察指标十分严格，有综合经济能力、科技创新能力、国际竞争能力、辐射带动能力、交通通达能力、信息交流能力、可持续发展能力七大指标，正因为如此严格的评价体系，被定位为经济中心的城市，在我国城市群中，各方面都处于领先地位，其对周边城市的吸引力也随着城市自身的发展而逐步提高，城市综合引力强。

旅游，是近年来的热词，随着社会生活水平的提高，人们更加关注高质量的生活，旅游城市随之兴起。自然景观、人文环境、历史故事发生地等多种因素是旅游城市对外界的吸引力。本书由于研究需要，根据旅游接待人数、旅游总收入和百度搜索整体指数三个评比标准，对中国旅游城市吸引力进行综合评估最终选取排名靠前的 30 座旅游城市作为研究对象，分别为上海、北京、重庆、成都、杭州、广州、天津、武汉、深圳、西安、苏州、南京、青岛、长沙、郑州、大连、沈阳、无锡、宁波、合肥、洛阳、哈尔滨、厦门、贵阳、张家界、昆明、石家庄、南宁、济南、九江。

众多因素对地区间或城市间航空货流的生成与发展的理论模型有一定的影响，若需进一步诠释这些因素的内涵，需要从航空运输及其货流的自身特征去寻求解释。由上述行政、经济、旅游等多因素构成的城市综合引力或由独特职能构成的专门优势，即城市的综合"引力"以及城市具有的适合航空需求的"专一引力"，是航空货流发展的最主要因素。

2. 航空货流增长因素的变化

政治、经济和旅游中心的分布，城市职能的差异一定程度上反映出不同城市的"引力"与"推力"的大小，直接影响航空货流的规模及其在网络上的分布。在此基础上进一步研究各影响因素内部，城市规模大小直接左右着区域"引力"的增长，进而影响航空货流的地区分布和网络体系的发展。①超大城市：城区常住人口 1000 万以上；②特大城市：城区常住人口 500 万至 1000 万；③大城市：城区常住人口 100 万至 500 万，其中 300 万以上 500 万以下的城市为Ⅰ型大城市，100 万以上 300 万以下的城市为Ⅱ型大城市；④中等城市：城区常住人口 50 万至 100 万；⑤小城市：城区常住人口 50 万以下，其中 20 万以上 50 万以下的城市为Ⅰ型小城市，20 万以下的城市为Ⅱ型小城市。

近年来，随着南水北调、精准扶贫等一系列利国利民政策的实施，各区域的经济发展迅速，城市规模形成的"引力"的支线逐渐发展，超大城市的航空货流网络的干线所占货邮吞吐量稍微下降，从另一方面也反映了我国经济在均衡发展。

二、我国航空货流的轴–辐网络系统

借助航空的实体物质运送手段对生产的制造加工产品进行运输，是我国交通领域发育模式创新的主要体现。新的航空类货物和加工物品运送方式的升级，使虚拟的商品消费数量有大幅度的经济增加，而空中各区域之间的航空线路开发，是实体物品运送的基础线路要素，只有明确可运送的线路记录，才能进行航班飞行区域和物品送达范围计划。针对以航空货流运送作为主要经济收入来源的企业类型，要使企业在运输领域有更核心的技术要素呈现，需要对内部航运的线路进行合理划分。经过航空运输公司扩充空中线路的送达范围，明确只有以经济基础较好的城市作为核心基点向外扩充空中运送线路，才是最有实用经济价值的模式。

城市间航空货邮吞吐量大小的最重要的标志是彼此间联系的强弱。在一个覆盖区域广泛、规模层次较为完善的城市体系中，航空货邮吞吐量反映出的是具有一定规律性的联系。我国的航空运输体系在逐步扩展，而超大城市作为我国航空货流网络的轴心或枢纽，呈现出明显的网络的极化效应。

航空货流的发展因素有经济、区位、资源、环境等各种因素，对城市内部资源的蕴含数量种类有较高的实用性要求。自从我国意识到需要将广阔地域范围内的各类制造产品向更广大的区域运送的理念后，应优先以经济基础积累较为丰厚的城市作为枢纽进行运送线路的革新改造。伴随着我国人民实际经济积累的增加对产品消费方向逐渐改变，货物的运输方式也根据需求层次的提升进行升级。在最新开拓的航空货流运送模式中，核心性的机场性城市较其他发展形态的城市，在经济积累方面的增加更为明显。

各城市内部社会加工类企业对自身消耗何种资源性物质都有更加清晰的认知，与该类资源性物质储藏量较丰厚的城市进行经济领域的合作联系。对航空运输方式，也需借助经济积累较优质区域的物品制造方向作为吸引力要素，与其他发展形态的城市在更广阔的空间范围内建立商品交流网络体系。对于与地理位置要素关联密切的经济领域发展指标，可以进行评价模式的展现。

$$L_{ik}=\max\left[\frac{T_{ij}+T_{ji}}{O_i+D_j}\right] \ (j=1,\ 2,\ 3,\cdots,\ n)\ k\in n \qquad (7\text{--}3)$$

式中：L_{ik} 为 i 城市的首位联系强度；k 代表 i 城市的首位联系城市；n 代表城市数量；T_{ij} 与 T_{ji} 分别代表 i 城市流向 j 城市和 j 城市流向 i 城市的航空货流；O_i 和 D_j 分别代表 i 城市航空客流的发出量和到达量。

通过对我国城市间多条航线货邮吞吐量进行定量计算，可以明确经济基础积累状况较好的城市，在航空运送方式应用度增加的过程中有更重要的地位。与经济领域生产发育状态优质的城市开展航空运送方式联系的城市占全国大部分比例，可以确保其在国家经济模式调整和升级过程中具有核心地位。

与其他城市在自主意识引领下开展联系合作的形式具有明显的、不同的需求性特征，城市内部经济领域制造模式的发育形态处于初级层次的城市普遍没有与其他城市开展资源物质交换合作的需求，虽然其内部已有的实体物质运输线路种类并不丰富，但足够承载其经济发育模式创新所需的运输要素。经济发育形态较优质的城市内部，有形态丰富的物品运送方式应用，但运动的货物物质种类一般较为单一，与其他城市之间的需求性联系会由于运送物品种类的限制而减少。经过多年的快速发展，我国航空货流形成的体系由最初的不完整到一级枢纽的地位加强，再到货流量从主干线慢慢转移到支干线，"轴－辐"系统逐渐显现。

第二节　航空货物运输业的营销因素组合研究

企业在细分市场、选定目标市场、自我市场定位以后，要充分发挥自身优势，以达到预期目标。而企业经营的成败在很大程度上取决于营销因素组合的选择和运用。

一、营销因素组合的相关理论

（一）市场细分（STP）理论

在市场营销理论体系中，市场细分（STP）理论占有重要地位。深入研究该理论，可知其主要包含三大要素，分别是市场细分、目标市场及市场定位。细致分析每种要素，即可了解和掌握理论内涵，继而为产品营销定位、拓展市场规模提供可行性依据。换言之，市场细分（STP）理论是明确客户需求，找准产品目标客群，不断扩大市场规模的指导理论。

（1）市场细分。在市场细分理论尚未提出前，学界就已深入探究市场细分问题。开展市场营销前，相关人员应做好市场调研，理清和把握用户需求，明确用户购物习惯与偏好，据此再细分市场，使需求一致的用户被归类到一起形成统一体。据此，再有针对地性设计营销方案，开展相应的营销活动，持续强化市场营销体验。根据目标用户的现实需求，将大众市场划分成多个需求子市场的过程即是市场细分。基于市场细分形成的子市场中，用户特性基本相似或相同，例如用户拥有相同需求、具有相似特征等。同理，不同子市场中的用户特性不同。目前，普遍营销人员都偏好从盈利性视角、稳定性视角、差异性视角、衡量性视角细分子市场，并依照人口变量因素、环境变量因素、客户变量因素、消费方式变量因素等找准目标用户。从细节变量来看，常用变量包括教育学历、家庭经济收入、年龄、性别、消费习惯、消费方式、地理位置、消费频率、品牌喜好等。

（2）目标市场。开展营销活动前，营销者须立足多个视角，全面整合自身资源优势，包括技术、人才及其他核心竞争力资源等，针对性将大众市场划分成多个子市场，再据此策划营销活动，创新性地提高营销效益，谋取更大程度的盈利。换言之，营销者要善于统筹管理内外部资源，立足长远发展视角筹划大众市场，以便与对手展开竞争，获得更多市场份额。

（3）市场定位。现代企业应从行业环境、自身品牌与产品特色等角度出发梳理并明确自身市场定位，以便塑造正向市场形象，强化用户对产品、品牌及企业的好感与信任。所以，在实践运营过程中，营销人员要树立全局性理念，从多个维度设计和制定营销竞争机制，推动竞争策略稳步落地，塑造预设市场形象。从市场营销实务来看，目前较受认可的市场定位分别是避强定位、迎头定位及重新定位。但在确立这些市场定位时，企业应将产品特征、产品应用范围、收益状况、用户需求放在首要位置。

市场营销活动的策划与执行若要取得理想成效，必须先做好精准定位。

（二）4Ps 和 4Cs 理论

1. 4Ps 理论

随着经济发展的不断推进，市场态势和企业的经营观念也在不断改变。从 20 世纪 60 年代开始，整个市场的形态发生了根本性的转变，不再是以卖方市场为主导，而是逐渐向买方市场转变。企业的经营理念也随之发生了根本性的改变，开始思考如何适应和满足顾客的需求。伴随这类企业发展模式升级现象的出现，制造类物品的销售模式有了新的创新。20 世纪 60 年代，一位外国学者针对各类商品销售模式的认识，提出应将与物品销售环节关联度密切的其他环节领域进行质量层次和目标意识的指引。后来，另一位研究销售原理的学者对这一认识进行深层次探究，明确销售类思维模式更新的重要性，强调以往对经济营销方式进行探究的理论认识、其实用价值的呈现。关于这一理论应用程度和实用价值的衡量，还可以参照其他国家目前改造企业制造模式的指引性思想。

2．4Cs 理论

对产品的营销流程进行改造的观念是以企业作为核心主体和视角提出的理念认识，而新出现的理论认识是从消费环节的另一个主体——消费人群为基础视角进行开发的。新理论提出实际经济收入的增加不应只考虑商品制造主体的运送需求，还应对实体物品的使用人群进行想法认识的发掘。这类考虑消费群体主观需求认识的理论，最早源于西方国家提升社会内部实际经济收入的需要，为转变国家内部经济领域生产模式的行为提供了重要的基础要素支撑。其中包括顾客对产品成本承受或支付的能力（Cost），顾客购买产品是否方便（Convenience）、顾客的期望以及需求（Customer Need and Wants）、顾客与企业的交流与沟通（Communication）。结合该思想认识实体商品的销售流程，应尊重使用消费主体的想法，需要结合不同位置区域人们的需求，在较短的时间成本内调整至最佳方案，以达到经济的增加。

（三）4Rs 理论

20 世纪 90 年代，美国的舒尔茨提出了 4R 理论，主要是针对关系营销。4R 理论认为，在关系营销中，关联（Relevancy）、关系（Relationship）、回报（Reward）、反应（Reaction）这四个因素对企业的营销活动非常重要。4R 理论隶属关系营销学范畴，所以其强调企业在营销策略制定时，要注意建立与顾客之间的关系，及时与客户保持联系，给予必要的回报，从而达到关系营销的目的，提高应对市场的反应速度。

4Rs 营销理论相较于 4Cs 和 4Ps 理论，主要的特点体现在它更看重营销企业与自己的客户之间的互动。也就是说营销企业通过与客户之间建立一个相对良好的关系，通过不断的互动来充分了解客户的实在需求，并付之行动去积极地满足客户需求，从而为企业建立良好的营销关系网络，通过关系营销，获得较多的市场占有率，为企业赢得较好的竞争优势。

二、营销因素组合的基本特征

第一，营销因素组合是企业可以控制的因素。针对社会领域企业的加工制造活动，在考虑产品消费主体主观意愿基础上，还要考虑受外部各种突发性因素的干扰。除了企业可进行需求了解和数据测算的控制性影响因素，不同地理位置生产区域的经济领域发育状态和市场同类产品的加工情况，都会对销售状况产生影响。对以航空实体物质运输作为主要经济积累手段的企业来说，从国家针对产品加工政策的调整到资源性物质储存数量的变化，都不是企业内部经过测算可以把握的部分。

第二，营销因素组合是一种动态组合。社会领域实际市场需求状况对各类加工产品的营销模式有较大影响，加之商品交易市场中存在较多突发性不可控因素的动态性干扰，使产品在销售运送过程中受到更多危机现象的威胁。在干扰市场消费环境形成的诸多动态性因素中，实体物品加工企业会根据需求，调整经济收入的增加模式。

第三，营销因素组合由许多次级组合组成。干扰市场环境下实体物品销售链条的形成，受到内部较多因素的共同作用，部分性影响因素也有自身构成性因素。因此，西方国家中探索各层次影响要素的研究者，为使数据分析的过程中消耗更少的时间成本，在处于不同层次的影响因素中选择了固定数量的研究变量。这样，加工产品的销售过程成为有可控因素检验调整的过程，再结合不同位置区域市场需求的变动，可以筛选最佳的控制要素。

第四，营销因素组合功能大于局部功能之和。影响消费的构成因素经过使用价值的重新搭配，可以在整体经济积累增加的目标指引下，使不同构成部分的价值具有更强的效果。因此，在调控消费影响因素构成部分的组合形态中，不能只考虑单项因素的最优，而应该通过有效的组合，使整体达到最优。

三、营销因素组合的主要策略

（一）产品策略

借助航空方式对实体物质产品进行运送，与服务类的行业发展模式存在较高相似性。这类物品运送企业为社会主体提供的产品形态，并非属于自身的制造范畴，而是将其他主体加工的商品在不同空间范围内进行销售渠道扩充的行为。根据市场领域介绍消费环节的理论来看，不同位置区域的社会加工企业的产品类型有不同的衡量层次，可以借助航空运输手段完成的销售商品也可以根据提供方式的不同进行划分：一是在满足产品制造主体需求的基础上，达到实体产品在不同区域销售渠道的扩充；二是在保证消费主体需求性理念的基础上，以缩短运输时间成本为主的服务方式；三是在满足各类产品使用主体基本性需求的基础上，使消费主体以获得产品的方式进行升级，使以运输产品作为经济收入积累方式的企业，有更优越的竞争要素显现。

在各类加工产品运输过程中，对形式类服务和有附加价值的服务类型区分较小，原因在于同一消费情境下，原本属于形式类外部服务的形式转变为带有附加价值的服务类型。例如，实体产品运送企业在较短的路程范围内，为商品使用主体提供上门类的产品运输服务，可以划分到外部服务形式中。但在距离较长的运送路程基础上，为商品使用者提供上门运送服务，则属于附加类的价值和认可度提升的服务类型。

借助航空运送方式传递的加工产品，可以对运输过程中的部分性要素进行符合不同要求的重新搭配，产品运输企业可以控制的运输要素主要集中于物品经过的线路区域和接受的服务类型。对运输物品经历的路径区域和运输条件进行改善调整，可以使航空运输类公司承载的运送产品类型更加丰富。

1. 航线调整策略

经过历史时间范围内不同主体对运输企业经过线路的信息收集来看，该类型企业最终发展模式的调整和在同类行业中的优势性地位，都可以从运送需要经历的城市路线和消耗时间成本方面进行计划调控。

第一，巩固策略。这种方式不适合产品运输基础较好的企业类型，不利于该类型运送企业在经营理念和附加性服务方面进行创新型改造。但针对企业经济积累状况较为稳定的运送企业来说，应以满足已有消费主体的需求为首要目标。

第二，收缩策略。这一调整方案是针对在计划范畴内有较高目标要求，但实际缺少各类产品运送支撑条件的企业。这类运输类产业在改进运输方案部分时缺乏创新思想，只能借助在运输频率较高的航空类运输线路中减少资本性物质的投入数量，支撑企业内部不同类型产品运送线路的实际价值。这种理念的核心思想是在合理利用的基础上，将企业内部有效的资源发展，保证经济积累数量的增加。

第三，微调策略。该政策主要针对在计划范围内需要的运输时间和已有的运送实力、支撑性条件保持在同一水平的运送企业。在这种情况下，对企业内部航空运输方式经过的线路进行调整，只能在基础条件支撑功能得到满足的基础上进行。

2. 运力分配策略

以航空运送方式作为主要运输工具的企业，应将不同运送商品的方式进行实用效果方面的最优搭配，在保证运送企业内部支撑性运送能力的基础上，达到经济积累效果的最大化。结合加工产品消费环节研究的理论性认识来看，应对运送企业内部不同时间的承载业务数量进行统计，设置合理性的目标要求，确保运送企业可以将更多的开发资源用于提升自身在同类行业中的竞争优势。

对于运力资源的分配，适宜采用运筹学中的线性规划方法建立数学模型来进行确定，在建立此模型时要遵循两个原则：①无论是调整航线还是优化运力资源分配，目的只有一个，就是实现企业的盈利最大，因此运力的分配模型应以企业利润最大为决策目标；②运力资源除了在各条航线上分配，还应考虑各个销售网点配给的量，因为运力最终还是通过这些销售网点售出的，因此决策变量是航线和销售网点的二维变量。

3. 服务营销策略

服务是航空运输企业的产品主要表现形式，因此服务质量的好坏、服务品种的多少直接影响运输企业在消费者心目中的地位，服务水平高的企业必然吸引更多顾客，从而创造良好的收益。国内航空货运业由于长期的垄断经营，在服务策略方面做的工作难免有所欠缺，而随着航空货运市场的成熟，以及市场进入者的不断增加，企业必须通过服务营销来增强自身的竞争力。

第一，服务改进措施。航空型运输方式对各类制造产品进行运送的优势在于，减少运送消耗的时间成本。对这类运送企业进行服务质量方面的提升改造，需要在满足不同产品运送时间限制的基础上，对商品使用主体的个性化需求进行符合度较高的潜力开发。但在以航空类物品运输方式为主的企业中，对运送过程进行调整存在较多突发因素，会使物品接受主体对运输类企业的服务质量产生负面评价。

第二，服务增值措施。消费主体的实用性需求是衡量不同企业服务层次质量的重要指标，根据对社会范围内消费群体观念的深入研究，可以对消费群体期待性心理进行细致剖析，主要包含基础性的需求和满意性的附加类需求。只有消费主体对接受的企业服务达到正向基础性评价，才能有接受其进行附加类服务的需求期待。伴随航空运送方式中相关服务内容形式的不断丰富，将服务与各类产品运送相结合，是运输类企业发展模式改造的主要领域。

现今，在世界范围内普遍出现的联合性邮件企业，在原有产品运输功能基础上，为商品消费主体提供物品打包过程中操作人员的行为监督、到达各区域位置信息的呈现服务和依据需求调整产品送达时间成本的服务。在该类型运送公司内部附加性运送服务的不断出现，使其在同类运输行业拥有更多使用群众的认可和核心竞争优势。

产品运输企业在内部开展附加型额外服务，需要在以下条件的限制范围内：一是要扩展附加价值服务的运送企业，必须确保自身基础性的产品运送活动有足够的运力条件支撑。如果运送企业无法使运输产品在使用主体的需求时间内送达，在其内部开拓更多附加类的外部服务，并不能提升其竞争优势。二是开展附加性服务，需要与该运输企业的文化理念和优势性竞争要素相符合。

第三，服务创新策略。对航空类产品运输方式和经过线路进行创新改造，可以从基础性的构成要素角度入手，也可以从开发运送方式消耗的技术要素部分进行深层次探索，还可以在运送企业承载的产品运送类型方面，进行业务能力升级，有优势性竞争要素的企业还可以结合文化运行理念，开发独立运行的运输品牌。

部分商品使用主体由于对新产品运送方式缺乏了解和使用经验，在主观感知层面会对新出现的产品送达形式产生抵抗性心理。例如，在顾客完成寄运产品的订单时，不适应新的电子运输条码记录方式，会再要求运送企业以手写方式记录商品的送达地址，对此需要各类产品运送企业不断对群众进行观念上的讲解引导。

（二）价格策略

销售商品的价格直接影响各环节主体对产品进行程度的物质性支撑和劳动成本的投入，产品制造主体对商品的价格定位，是决定该制造企业能否在同类加工行业中有竞争性优势条件的主要指标。在源头加工型企业对销售环节的具体影响因素进行调节过程中，只有价格要素是确保企业实际经济收入数额增加的指标。因此，无论怎样调整销售要素，都需要对商品的价格区间进行严格把控。

1．价格的调节作用

从性质上讲，航空货运产品属于运输行业中的高端产品。目前，整个运输行业处于完全竞争阶段，而对于航空货运市场来说，尚处于寡头垄断阶段，航空企业对价格有较多的控制权，这样价格的调节作用尤为明显。在航空货运市场中，价格的调节作用表现如下：

第一，实现舱位的合理分配。在舱位供不应求的时候，通过价格调节，把舱位提供给时效性更强或经济作用更显著的货物；在舱位（相对的）供过于求的时候，也可以通过价格激活市场需求，增加舱位的利用率。

第二，实现收入最大化。通过对市场需求价格函数的研究，制定合理的价格，实现更高的收益。

第三，体现公司的整体战略。价格是市场营销的一个重要因素，合理的价格策略往往可以贯彻公司的战略思路，提高公司在市场上的受知程度。

2．国内外航空货运价格体系

（1）国际航空货运价格体系。对航空货运价格，国际上一般采用国际航空运输协会制定的价格体系。这一体系具有以下特点：

第一，大多数国际化城市、主要城市、中等城市间都有国际航空运输协会普通货运运价，运价以每公斤价格表示，并存在最低收费。同时，由于物流具有明显的单向流动性，有时同一条航线上，去程和回程的运价有较大差异。

第二，在国际航空货运价体系中，绝大多数航线存在低于普通货物运价的多种运价，最常见的是重量折扣运价，即当货物重量超过一定重量基准时给予相应的运价折扣。

第三，对特殊商品实行指定商品运价，主要用于刺激某类特殊货品的运输，指定商品运价根据货物的不同特点，用数字将货品分为 10 组，并根据特定货品制定特殊的低廉运价。

第四，实行等级运价，即在普通货物运价的基础上附加或附减一定比例，比如当作货物运输的行李使用附减运价，而贵重商品如珠宝等使用附加运价，多应用于一些需要特殊看管或存储条件的货物。

（2）国内采用的航空货运定价方法。在 1997 年之前，国内货运运价体系非常简单，一般将货物分为普货和急货，普货按重量等级执行 45 公斤以下运价和

45 公斤以上运价，急货按普货的 150% 收费，而且货运一直使用与客票直接挂钩的运价，货运价格等于相同航线上客票价格的 0.8%。目前，国内的航空货运价格体系也在向国际接轨，然而在实际运用中，许多企业仍然使用旧的货运价格体系。

货物具有多方面的属性，托运人对货物运输的需求也是多种多样的，然而国内的定价方法只考虑货物总量，没有考虑其他因素，这样就无法全面准确地分析市场需求，无法有效地应用需求与价格之间的互动关系来激发市场。

3. 价格策略的选择

（1）浮动价格策略。与其他垄断性的市场一样，航空货运市场价格对市场供求变化情况反应灵敏。通过研究价格供求曲线，寻求最高利润点上的价格。浮动价格可以使公司短期内获得最高收益，但会导致客户对公司的运价政策难以适应，最终对该公司失去信心，不利于培养客户忠诚度。

（2）等级价格策略。针对运送的产品重量程度进行不同运送方式和收取价格的最优化处理，在不同重量和价值的运送产品中进行层次性的价格定位，可以使有较大运输需求的客户在价格方面感受到优惠政策的补贴，进而将更多商品的运送任务交由该运送企业承担，也使该类商品运送企业针对社会范围内运送需求较少的客户失去原本的吸引力。

（3）固定价格策略。以航空运送方式为核心的运输企业，可以针对运送商品需要经过的固定区域和需求客户进行长期的价格优惠设置，使运送商品的主体有更强烈的主观意愿同运送公司开展业务合作。但这类运送企业需要针对业务运送量较大和订单合作时间较长的主体进行固定优惠，不能影响运送行业内部对运送商品的价格设置方面利润空间的积累。

（4）组合价格策略。以往在价格设置方面，以单一的手段作为主要调整方式的企业政策，不能满足需求市场氛围环境的变化，而航空运输企业为使订单客户更多地在本企业内继续开展合作，只能通过调节运送产品消耗的价格为需求主体，提供优惠政策。

对运送商品价格在实际经济收益基础上进行调整，是各行业惯用的吸引消费主体需求的方案，可以帮助运送企业在业务范围内更多地吸引意愿性客户群体。但在部分企业将价格要素进行调整时，往往有意外性因素干扰，如其他消费主体感觉产品运送价格与其他消费主体相差较大，会对该商品运输企业的公司运营模式和功能发挥产生怀疑而转向其他企业。为此，要求运送企业在调整价格设置时，应在对消费主体需求和市场信息数据有细致了解的基础上开展。

（三）促销策略

促销的主要含义是影响产品运输和消费需求的重要干扰因素之一。这类行为的主要含义在于接触消费群体对商品了解程度的增加，使消费人群在准备购买该类商品时有更大概率购买该品牌的制造商品。具体促销流程的开展，可根据形式的不同进行开展方式的划分和搭配。目前，市场竞争越来越激烈，企业必须通过有效的促销措施将货运产品销售出去，在促销策略的选择上，应突出货运行业的特点，要与客运的促销要区分开来。

1．促销的作用

（1）提供市场信息。以航空运送方式为主的运输企业内部航空线路的开发情况和对运输机器进行功能更新的程度，都属于该运输企业的信息数据。只有将自身优势性的运送条件展示给消费主体，才能在最大范围内吸引潜在的顾客，从而开展订单合作。

（2）促进需求。提供信息采取各种促销方法，有时可以创造出新的需求，从而增加货主对货运产品的购买量。

（3）突出本企业特点。在激烈的市场竞争中，同类运输企业之间只有细微的差异，顾客往往体会不出。通过促销，企业可以突出自身的运输质量、服务水平以及区别于其他企业的特点，刺激顾客的购买欲望。

（4）稳定市场地位。在激烈的市场竞争中，货运企业的运输量和审场占有率往往起伏不定，这直接影响到企业的市场地位。通过加强促销活动，更多顾客形成对企业的偏爱，可以获得稳定的货源和市场占有率。

2．促销组合策略

（1）人员推销——货源组织。货源是航空货运企业生存的根本，负责货源组织业务人员是企业与货主之间的纽带，是企业伸向社会和市场的触角。航空货运企业的业务人员的主要职责如下：

第一，寻求顾客，包括现实中的顾客和潜在的顾客。应通过不断发现新的消费者来逐渐扩大市场。

第二，与运送产品的接受方围绕需求和订单的运送信息进行交流，包括消费群体对运输企业的附加性服务是否有基础性满足，都是业务人员与顾客交流过程中应涉及的内容。

第三，在了解顾客实用性需求的基础上，可以结合企业内部业务范围的开展情况，进行针对性销售。

（2）公共关系策略。把握市场范围内消费群体之间的公共关系，是航空类运输企业进行促销行为的基础点，也可以借助对社会范围内这部分关系了解程度的增加，作为提高企业对外形象定位层次的主要指标。

（3）营业推广。为了在一个比较大的目标市场迅速刺激消费者的购买欲望，企业可以采用一些营业推广手段。对航空货运企业来说，比较有效的营业推广手段是推出优惠运价，为顾客提供代办保险、免费送货上门等增值服务，以求在较短时间内获得大量的货源，将业务拓展开来。

（四）渠道策略

1. 航空货运销售渠道的特点

渠道即产品借以输向最终消费者的通道，渠道的畅通高效是营销活动成功的关键。一般情况下，营销渠道分为直接销售渠道和间接销售渠道，即所谓的直销和代销。现阶段，借助航空运输方式进行商品销售的形式，已经成为社会各行业应用度较高的拓展销售渠道的方式，是在传统面向消费对象进行各类商品直接销售模式的基础上进行的创新升级。这类产品销售模式的扩充符合现今信息传播方式持续创新的理念需求，但这一创新模式对以航空类运送方式为主的产品运输公司来说，应开发消耗时间更短的商品运输模式。

（1）航空货运代理的作用。在航空运输流程中进行不同商品种类的代销售行为已成为应用度较高的产品附加销售方式，许多航空类商品运输订单的实行，都是在其他代理中完成初步交易意向的确定。对需要运输的各类货物进行代理，可以使航空类运输的有效空间得到最大限度的使用，确保利用航空运输方式送达的成本实现最大的价值功能。如果商品运送主体每次都将零散的货物类型在不同时间交付给运输公司，针对不同批次提交的运送货物类型都需要核对重量和运送双方地址，运输公司需要做许多附加性的机械记录工作，反而增加了无效工作时间。

除了实现货物的集中托运，货运代理的主要市场功能概括如下：

第一，简化交易联络，便利货运用户。就一个机场式的货物转接点来说，每天承载不同运输公司的货物传送量较多，如果产品运输主体有订单业务运送时出于便利考虑，直接与航空运输主体联系，会使双方在完成交易订单过程中增加许多无效机械性工作记录。

第二，扩大航空公司的营销能力。就单独的航空运输企业来说，如果在航运线路所经城市的各区域都分别设立业务接收机构，不便于随时对各区域业务承接部门进行管理模式的检查。但在货运代理团体实际功能不断扩充后，航空运输公司只需在内部运输手段和消耗时间成本方面进行成本性投入和研发改革。

第三，代替航空公司完成市场营销的一切功能。在各类产品运送过程中进行市场范围内的营销，其实际价值除了完成订单交易数量的增加，还可以为航空运输公司进行附加服务形式的改革提供市场需求的调查，或是需求群体对该航空运输类公司品牌的认知了解程度。各类货运的代理主管人员是与实际消费主体接触程度最为密切的团体机构，可对运输公司从消费主体处收集的各类需求性信息和意见进行反馈。

（2）航空货运企业的直销渠道。现阶段，直复式营销和代理型销售是国外商品运输公司应用度较高的扩充销售渠道的有效方式。其中，针对各类商品与消费人群进行直接销售的形式有：一是借助与商品消费主体进行电话沟通或网上会话交谈的方式，完成订单交易的确定。二是在消费理念较强的区域开办商场型商品购买点，消费主体在身处不同区域时，可以对自身认可度高的品牌进行消费订单的达成。

（3）两种销售渠道的比较。采用对各类商品进行直接销售的方式，可以使航空类运输公司随时对交易过程进行行为监督，减少由于销售渠道中不可抗因素较多而产生突发性交易问题的概率。同时，航空运输公司中单独负责销售流程的人员和部门也有与消费群体交流的机会，在消耗更少时间成本的基础上，达到对不同区域消费主体实际需求的加深。如果航空运输公司在内部进行销售业务的扩充，也会消耗其原本用于改造运输方式和进行附加性服务功能开发的资金要素。

航空运输公司借助代理销售团体进行业务订单交易数额的增加，也是出于对直接针对销售人群进行业务订单交易过程中无效工作较多的现象考虑；借助对消费群体进行间接性的业务销售，可以使企业内部管理流程更加清晰简洁，减少航空运输式企业对管理层人员相关费用的支付成本。伴随业务销售过程中消耗资金成本的下降和代理业务团体规模的扩大，使业务主体在开展销售时有更灵活的调整方式。此外，航空运输企业需要对从事代理的团体人员进行品质道德方面的行为考察，确保航空运输型企业品牌形象的树立。

2．不同时期的销售渠道策略

随着市场形势的不断变化，航空货运市场的寡头垄断格局遭受着冲击，可以预见垄断格局将被打破而形成竞争市场。在这个演变的过程中，航空公司应该根据不同时期的市场状况采取不同的渠道策略。

（1）寡头垄断阶段。在寡头垄断阶段，市场竞争激烈程度不高，这是航空货运公司谋求发展的良机。在这一阶段，航空货运市场基本上处于卖方市场阶段，消费者尚未成熟，对航空公司的要求集中于舱位的保证。此时，航空公司正好利用市场主导地位，充分发挥价格调节作用，为公司创造更高的利润、积累更多的财富以迎接即将到来的竞争。为了达到效益最大化，降低成本势在必行，因此，间接渠道在此阶段是航空货运公司的首选。

（2）垄断竞争阶段。随着国内航空公司之间的竞争日益激烈以及国外航空巨头的逐步进驻，国内航空货运市场必将走过寡头垄断阶段，进入垄断竞争阶段。这是一个从垄断向竞争过渡的阶段，也是决定各航空货运公司将来命运的关键阶段。在这一阶段，国内航空货运市场将进行一次重新洗牌，市场的分割充满不确定因素。终端市场的占有成为竞争的重点，而拥有充分的终端市场信息的货运代理公司成为竞争的关键，这些代理人的选择决定了各航空公司的市场占有。为了避免对代理人的过分依赖，航空公司必须设法绕过代理人的环节，直接取得对终端市场的占有。因此，在这一阶段，航空货运公司应该着力铺设直销网络，以迎接即将到来的市场竞争。

（3）完全竞争阶段。当市场竞争进入第三阶段，国内航空公司投入了大量的运力、国外航空巨头抢占国内市场，航空货运市场实现了从卖方市场到买方市场的根本性转变。竞争的重点转化为客户资源和服务质量，而航空公司的工作重点也自然是质量管理和网络维护。航空公司必须维持销售渠道的畅通高效，必须将公司先进的、正确的营销理念传达到销售网络的终端，必须确保服务质量以提高客户满意度。

在这一阶段，航空公司应该以直接渠道为主，通过直接渠道实现对市场的把握与控制。通过强大的伸向终端市场的直销网络，获取更大的市场份额。美国联邦快递在全球设有 44000 多个投递地点，在北京和上海建立快递自助服务专柜，消费者可以在柯达快速彩色店内获得自助快递服务，这是联邦快递借助间接网点实现直销的成功尝试。对于我国的民航企业来说，如何将销售的触角伸向消费的终端市场，联邦快递的经验值得借鉴。

目前，我国航空货运市场尚处于发展的第一阶段。在这一个阶段里，航空公司发展的主要任务是借助市场的主导地位迅速实现资本积累，使用间接销售渠道有助于在扩张占有市场的同时节省成本。但是，代理人的服务质量难以得到很好的控制，特别是售后服务质量有待提升，另外，代理人在各航空公司之间选择的不确定性增加了企业的经营风险。因此在积极开发代销渠道的同时，也应该努力建设直销渠道，直销与代销之间的合理搭配有一个度的问题，在这个度的范围内，航空公司可以有效地对销售渠道进行控制。这个度的把握应该遵循两个准则：①保证一定代理人的数量，一家或少数几家代理人出现问题时不足以影响本公司的正常经营；②直销部门足够强大，当市场出现异常能够迅速组织货源，从而有效地控制代销的风险。

四、营销因素组合的设计原则

企业在营销活动中进行产品、价格、渠道和促销方式的设计，并将之进行组合以发挥最大效用。但是这种设计组合不是随便进行的。企业营销因素的组合设计，需要遵守以下三个原则：

第一，利润最大化原则。终归到底，企业进行的任何营销活动都是为了获得利润，因此企业设计营销组合必须保证企业能够获得最大利润。

第二，竞争优势原则。市场经济时代，竞争无处不在。在航空运输企业中，非价格竞争的地位已经逐渐超过了价格竞争，因此，在设计营销组合的过程中，要重视销售渠道等非价格竞争的范畴，以最优化的设计使企业获得竞争优势。

第三，功能协调原则。针对社会范围内各商品交易市场中消费主体对产品的实际需求，都属于整体性的连续性需求，各企业必须对销售产品的质量层次和价格区间进行适宜性把控，确保消费主体对各行业销售产品和制造企业优质印象的形成。此外，产品制造主体内部运营和销售流程的实施运行，也需要与其他关联性部门配合，在内部完成整体性工作意识和运营理念的达成。

第三节　航空货物运输营销组合的创新发展策略

以下以东方航空物流（简称东航物流）和中国货运航空有限公司（简称中货

航）为例，探讨航空货物运输营销组合的创新发展策略。

一、航空货物运输产品策略的创新

（一）提升管理水平，增强服务质量

在航空货运业务方面，我国从来就不缺乏业务所需的硬件设施，相反，坚实的硬件设施和资源基础在行业内已经具有相当的竞争优势，从提升管理的手段来加强服务质量明显更具有上升潜力。首先，应加强对企业管理人员和一线员工的服务管理培训，养成员工的服务意识，整体提升服务能力；其次，梳理业务操作流程，理顺物流服务链条，明确各环节的责权关系，并建立服务质量考核机制；最后，细化相关运输规定，尤其是针对特货运输方面，要有针对性地科学的运输规定，并且详细化、清晰化，也给客户更多的信心来选择自己的服务。

（二）强化信息系统建设，完善货物监控体系

目前，我国的航空物流公司在信息技术方面的创新和应用程度普遍较低，信息技术功能不完善。我国东航物流和中货航重视这点，提供货物的单独监装监卸、全程监控拍照以及线上 24 小时运单查询等增值服务。只是受限于信息技术能力，服务质量相比之下尚无优势可言，因此中货航需要加强自身信息系统建设，不断完善货物监控和查询体系。如此可以让客户实时准确地获知货物在运输途中的情况，如果在运输过程中遇到货物遗漏、错运等意外，也能够对服务的纠错以及货物的查找提供依据和便利。

（三）树立品牌意识，重视品牌打造

从自身实际情况出发，树立品牌意识，抓住自身优势服务中的一项做大做强。客户对物流服务质量进行评价的一项重要指标就是品牌服务，目前很多航空物流公司在服务方面抓得极为全面。东航产地直达项目就是一个非常好的优势项目，该产品理念新颖，符合时代发展需求，已经具有成功运作的经验，也在市场中取得非常好的口碑。中货航应该紧紧握住其中一项，打造业务品牌，提升自身的品牌影响力。

二、航空货物运输价格策略的创新

价格策略是指企业以自己生产（提供）的产品（服务）的成本为基础，再通过对顾客需求预计，确定能够有效吸引顾客并实现自身市场营销组合的一种

策略。对于航空公司来说，航空物流的成本组成比较复杂，所以价格策略的确定可以在维护供需双方经济利益的前提下，根据市场变化情况灵活反应。最基本的价格目标有利润导向的定价目标、销售导向的定价目标、维持现状的定价目标。

（一）利润导向

产品的定价不是一成不变的，对于航空货运这一领域来讲，淡季长而旺季短是一个比较明显的特点。基于这样的特征，很多航空公司为保证淡季期间能够不空舱位，会在这一时期调低服务价格，以薄利多销为主要原则。而当市场突然好转，各航空公司都会调整自己的价格，但在这个时候，各航空公司所采用的价格策略就会体现出差异来。其中最具代表性的价格调整策略有以下两种：

一是有些公司决定以最快的速度在可以满足客户要求的基础之上，将当前的业务完成，以解放自己的运输能力，并且以大量的空舱去承接市场上的高价货物，这样做可以保证自己的客户评价不受影响。但是在市场好转的初期由于舱位不足导致大量的高价货物被竞争对手抢占，并且难以实现利润随着市场好转就迅速增加的目标。

二是一些航空公司在市场好转的同时马上提高服务价格，尽可能快地去承接市场上的高价货物。这样的做法往往在市场的初期可以快速地获得利润增长，但是很容易出现舱位订单溢出的情况，导致部分货物难以在客户要求的时限抵达，很可能影响企业的客户评价。

中货航这样的大型企业，应该更注重企业的声誉和长远利益，因此，后者那样的价格调整策略并不可取，而应该以前者为主要的价格调整策略。

（二）利用自身优势制定竞争者策略

随着国际上各大货航进入中国市场，以及快递企业向普货市场的强势进军，上海航空货运市场的竞争越发残酷。由于 UPS、DHL 等国际快递企业入驻上海浦东机场，而国内顺丰、圆通等快递企业也在大力发展货运航空运输，前者为了入侵市场，都采用了灵活的销售价格策略，必然对市场造成一定冲击。因此，应充分比对主要竞争对手的特点，充分分析自身的竞争优势，以发挥自身强项来制定策略，而避免一味地进行单纯的降价竞争。此外，对一些长期合作并且合作关系较好的客户和公司要求重点开发的客户，还可以采取合同的方式（如签订价格保护条款），来对重要客户提供一些价格上面的优惠，以留住客户。

三、航空货物运输促销策略的创新

对成熟的企业来说，促销策略的主要目的应该包含创造客户和留住客户两个方面，不仅要通过各种措施和手段实现吸引客户的目的，还需要考虑对不同客户的维护方式，以创造更多的长期客户，来实现销售增长。因此，中货航的促销策略应该从对不同客户的促销与维护策略以及通过品牌和社会声望来吸引客户两个层面考虑。

（一）对不同客户进行促销与维护

1. 货运代理公司

受传统经营模式影响，国内的货运航空公司都以资源为导向，绝大多数货源依赖于各大货运代理公司。尽管公司已经意识到拥有货源的重要性，近年来也在尽力积极开发直销客户，但目前阶段，对代理公司的依赖尚存，依然有必要重视对代理公司的维护。尽管当前一些物流企业通常选择大量压低价格的方式进行促销，如果跟随压价，则极有可能陷入恶性竞争的深渊，这是极不可取的。因此，对代理公司的促销应该尽量回避单纯的价格竞争，而采取更聪明的做法。例如，可以通过迅速的产品信息传递和优惠政策宣传来争取时间上的提前量。尤其是在物流淡季，通过快捷甚至超前的产品信息宣传，以实现一种提前满足型的促销策略，使客户提前了解到中货航的促销信息，甚至提前签约订单，从而让中货航在市场竞争中占得先机。

2. 直销客户

在新的市场竞争中，拥有独立货源至关重要重要，中货航应该重视直销客户的开发和维护。除了上面提到的营销策略，还可以考虑实际情况，在成本允许的条件下，对直销客户在价格上给予适当的优惠政策。除此之外，能否降低甚至脱离货代公司的制约就取决于航空公司能否维护住足够多的直销客户，于是如何留住这些客户就成了一个重要的话题。

首先，对于有长期合作意向和货源足够多的直销客户，中货航可适当地考虑一些优惠政策，并且对于因市场或者日期而衍生的一些优惠策略应该及时通知客户，加强与客户的沟通。

其次，向客户展现改革决心和未来的战略理念，切实地描绘出公司的美好前景，以留住更多有共同理想和共同目标的客户。

最后，深入了解客户的服务要求，并且针对客户的自身条件制定更符合客户

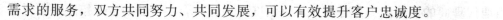

需求的服务，双方共同努力、共同发展，可以有效提升客户忠诚度。

3．国外合作伙伴

东航物流致力于打造高端的国际供应链运输模式，在依托跨境电商平台的信息资源之下，还需要强大的地面运输能力来链接公司的航空运输，对国外物流企业可靠的合作伙伴有较强的需求。因此，我国航空货物运输应该注重对这样合作伙伴的开发和维护，首先公司应该积极寻求各个航线节点地区的可靠合伙伙伴；其次，对于已经建立合作关系的合作伙伴，公司应该积极做好信息共享和资源共享，尽力维护良好的合作关系。

（二）品牌和社会影响力的促销

第一，提升广告宣传力度。广告促销是指利用信息展示的方式让消费者了解商品活动从而促进购买的一种行为。合理地增加广告宣传投资，提升广告宣传力度是很有必要的。此外，航空货物运输还应善于利用自身强大的信息资源平台，一方面通过信息交流和信息共享及时了解客户的变化和发现潜在客户，另一方面将自己的服务信息和价格信息及时地传递给潜在客户。

第二，积极参与公益事业，提升企业的形象和知名度。积极参与公益事业可以有效提升企业的社会形象和知名度，给企业的营销带来很多便利。例如，东货航参与过赈灾物资的国际运输，如2013年11月红十字会向菲律宾运输赈灾物资的包机服务，2014年9月执行的浦东—北京—阿姆—塞拉利昂—阿姆援非包机任务。这两次赈灾运输任务的圆满完成，给航空货物运输带来了很多声望，同时为营销活动提供了很大的方便。因此，我国航空货物运输应该更多地承接这样的公益任务，尽管不能给公司带来更多直接的经济利益，但是可以产生深远的声望增益，有利于长期发展。

四、航空货物运输渠道策略的创新

（一）发展航空物流直销机构

在充分认识到自身优势业务的基础上，在自身具有优势竞争力业务需求巨大的地区，我国航空货运应该积极地去构建直销机构。脱离和降低货代公司对自身的利润牵制，是明显提升企业利润和保障长远发展的有效方式。在对自身服务需求量巨大的区域，去构建直销机构风险小、回报快，所以应该重视这方面的构建和营运。甚至在一些当前市场需求不算大，但是具有足够市场潜力的区域，也应该大力发展直销机构，这样尽管在短期内承担一定的风险，但是可以有效地约束当地代理商的议价能力，并且从长远角度来说，符合中货航的业务拓展要求。除此之外，足够多的自有直销机构能够在更大范围内更为有效地开展自己的营销宣传，有助于提升企业的国内外知名度。

（二）货运渠道的扁平化发展

从国内物流行业现状来说，多级货运代理的情况十分常见，而每级代理都会分走一份利润，所以航空货物运输应该尽量实现自身的营销渠道扁平化，针对代理业务通过自身的终端影响力来尽量减少代理的层级，最多允许二级代理存在。而对营销渠道，航空货物运输应该从根源入手，通过管理手段并利用各种措施，尽可能地减少自有渠道的中间环节，以保证尽可能多的利润。

结 束 语

交通运输业是国民经济中的基础产业，它与国民经济的其他产业相互依存、紧密相连，运输业的发展依赖于其他产业的发展，同时也促进其他产业的发展。这种相辅相成的密切关系，既说明国民经济其他产业的发展会对运输业的发展产生重要影响，也表明运输业的发展会对其他部门和国民经济的发展做出重要贡献。在经济全球化、国际经济贸易迅速发展的今天，航空运输对于促进经济的发展、改善人们的生产生活方式起着至关重要的作用。航空货物运输作为航空运输中的重要一环，随着世界经济日益一体化、我国经济结构的调整与进出口产业结构的优化，中国航空货运企业作为一支强有力的力量不断走出国门，在新的竞争与压力面前探索着更为艰巨的发展之路。

参 考 文 献

白杨，李卫红，2010.航空运输市场营销学［M］.北京：科学出版社.

车东，尹涛，何宇，2009.航空运输货物危险性的分类和快速鉴定［J］.安全与环境工程，16（3）：98-100，118.

陈志军，陈志国，田宏，2007.危险货物道路运输系统的风险评价［J］.工业安全与环保，33（6）：51-53.

崔剑平，2003.国际航空货物运输纠纷的审理及法律适用[J].法律适用（3）：51-54.

邓正华，2013.我国货物运输市场现状分析［J］.物流技术，32（9）：20-22.

高波红，林慈燕，刘娟汐，等，2020.基于共享平台的航空货运代理联盟构建研究［J］.知识经济（4）：27-28.

龚良华，2005.航空物流：解困长三角IT企业外贸运输瓶颈［J］.物流技术（1）：106-106.

郭丽韫，2004.对航空运输延误的法律思考［J］.内蒙古社会科学，25（6）：39-43.

郝秀辉，2016.论"航空运输总条件"的合同地位与规制[J].当代法学，30（1）：101-111.

郝勇，2011.民用飞机与航空运输管理概论［M］.北京：国防工业出版社.

郝正腾，2020.市场营销［M］.北京：经济日报出版社.

胡晓敏，2006.CRM在航空货物运输代理行业中的应用［J］.特区经济，（4）：343-345.

姜旭，2010.日本货物总运输量与纯运输量的实证研究［J］.中国流通经济，24（6）：23-26.

匡旭娟，谢立，2017.航空运输与中国国际贸易发展：基于国际贸易面板数据的实证分析［J］.广东社会科学（3）：14-20.

李晨丹，2014.公共航空运输企业市场准入研究［J］.河北经贸大学学报，35（2）：126-129.

刘明君，刘海波，高峰，等，2009.国际机场航空物流发展经验与启示［J］.北京交通大学学报（社会科学版），8（4）：53-57.

刘宁君，2013，王立新，潘文俊，2013.运输机群货物装载方案生成方法［J］.北京航空航天大学学报，39（6）：751-755.

龙继林，刘光才，2012.航空运输服务破坏性创新探索［J］.管理现代化，（2）：24-26.

卢伟，张延青，2014.我国进出口贸易与国际航空货物运输的关系研究［J］.中国商贸（28）：140-142.

芮茂雨，安红，陈思杨，2017.航空运输集装托盘生命周期的 IDEF0 功能模型［J］.包装工程，38（7）：222-227.

孙宏，2002.航空运输的旅行成本研究［J］.西南交通大学学报，37（1）：53-56.

孙秀霞，徐光智，刘日，等，2016.航空运输物资空投过程动力学模型［J］.交通运输工程学报，16（2）：125-131.

王诚，徐锦法，张梁，等，2016.面向货物运输的移动平台设计与无人直升机追踪控制［J］.南京航空航天大学学报，48（2）：244-250.

王小荣，张玉召，张振江，2021.基于双论域粗糙集的快捷货物运输方案选择［J］.计算机应用，41（5）：1500-1505.

魏全斌，2017.航空运输市场营销与实务［M］.北京：中国民航出版社.

肖永平，孙玉超，2008.论国际航空货物运输承运人责任期间［J］.现代法学，30（4）：148-156.

谢春讯，2006.航空货运管理概论［M］.南京：东南大学出版社.

徐玮，2021.航空运输、软信息空间传递与企业并购：基于断点回归分析［J］.河北经贸大学学报，42（4）：91-99.

于述南，杨忠振，陈康，等，2019.航空货运公司动态博弈下的即期舱位差别定价决策［J］.交通运输工程学报，19（05）：162-169.

苑春林，2018.航空运输管理［M］.北京：中国经济出版社.

岳鹏飞，2010.航空运输市场营销学［M］.北京：中国民航出版社.

张恒铭，张军超，程德峰，2013.航空货物快速系留方法［J］.四川兵工学报，

34（12）：52-55，74.

张辉，臧忠福，陈南，2018.航空货物运输实务［M］.北京：中国民航出版社.

张世良，2006.国际航空运输承运人责任探微［J］.社会科学研究，（6）：87-91.

赵君，袁永友，2013.我国航空运输服务贸易壁垒的经济效应研究［J］.经济问题（10）：75-80.

朱鲜飞，冯蕴雯，薛小锋，等，2014.某型运输机货物拦阻网非线性有限元建模与分析［J］.机械科学与技术，33（3）：460-464.

庄建伟，沈志韬，2012.国际航空货物运输期间制度研究［J］.甘肃政法学院学报（2）：72-77.

苑春林，2018.高等院校物流管理与航空运输专业教材航空运输管理［M］.北京：中国经济出版社.